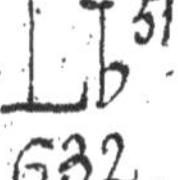
Lb 51
632.

AF542084

LA NOUVELLE GÉNÉRATION

Premier fruit des trois Jours de gloire.

> *Qui se sent blessé* par l'élan national
> n'est point ami de la patrie.

Par Louis MureLatour.

DON PATRIOTIQUE

Pour être versé dans la caisse des divers comités de l'association nationale dans les départemens où l'ouvrage sera vendu, et le montant employé à repousser le despotisme, l'invasion, toute intervention étrangère, et à rappeler sur la France les bienfaits de la glorieuse Révolution de 1830.

Paris,

DE L'IMPRIMERIE D'ÉVERAT,

RUE DU CADRAN, N° 16.

1831.

La nouvelle Génération.

LA
NOUVELLE GÉNÉRATION,

Premier fruit des trois jours de gloire.

SALUT A LA LIBERTÉ QUE LES PEUPLES RÉCLAMENT!
SALUT A L'ÉGALITÉ QUE LE CIEL A PROCLAMÉE!
A LA LUMIÈRE SALUT!

O **INCONNU** QUE L'HOMME SEULEMENT ADORE PAR L'AMOUR DE SES FRÈRES,
L'UNIVERS TE SALUE!

PARTOUT OU L'AMOUR CÉLESTE DICTE SES LOIS, LE PRÊTRE ET SES CULTES, SES TEMPLES ABOMINABLES ET SES AUTELS CHARGÉS DE CRIMES, TOUT RENTRE DANS LE GOUFFRE TÉNÉBREUX QUI, POUR LE MALHEUR DES HUMAINS, LES A VOMIS SUR LA TERRE!...

Par Louis MureLatour,

AUTEUR DU SIÉGE D'ÉDEN ET DU SYSTÈME PHYSIQUE ET MÉTAPHYSIQUE DE L'UNIVERS, SOUS LE NOM DE TRIOMPHE DE L'AMOUR SUR LE FANATISME ET LE MATÉRIALISME.

PARIS,

DELAUNAY, PALAIS-ROYAL.
LEMOINE, PLACE VENDÔME, N° 24.

LONDRES,

RICHARD CARLILE, 62, FLEET STREET.

1831.

IMPRIMERIE D'ÉVERAT,
rue du Cadran, n° 16

LA

NOUVELLE GÉNÉRATION.

SCIENCE.

Il viendra un temps, et il est déjà venu, où le véritable adorateur n'adorera plus ni dans le temple ni sur la montagne, mais en esprit et en vérité.

Je vous le dis en vérité, tous ces temples seront tellement détruits qu'il n'y demeurera pas pierre sur pierre.

Malheur à vous, scribes, pharisiens hypocrites, parce que vous faites le tour de la mer et de la terre pour faire un prosélyte; et après qu'il l'est devenu, vous le rendez digne de l'enfer deux fois plus que vous.....

HISTOIRE.

Partout les monumens attestent que les temples furent les tombeaux des peuples, et les prêtres leurs bourreaux.

Fo, sur le bord de la tombe, dénonce à ses disciples les cultes comme impuissans et illusoires.

Moïse prouve qu'ils sont idolâtres en condamnant toute forme et toute image d'un dieu.

Socrate et le Christ lui-même meurent pour les avoir attaqués et confondus.

Origène, Athénagore, Justin, Tertullien, Théophile, etc., attestent que les premiers chrétiens avaient en horreur les temples, les autels, et tout le cérémonial des cultes.

PREMIÈRE PARTIE.

CHUTE DES CULTES.

1. L'ère de la nouvelle génération commence aux trois jours de gloire; cette époque, à jamais mémorable, marque une de ces périodes fameuses qui, en fixant le terme de la génération condamnée à descendre dans la tombe, assure le triomphe de celle qui doit lui succéder. La révolution de 1830, semblable à un éclair parti des voûtes célestes, a déjà parcouru une partie de l'Europe; elle doit embraser la terre tout entière! Elle a décidé la grande question de la souveraineté des peuples et du droit, prétendu divin, que réclament les rois. L'Éternel lui-même a prononcé la sentence, et les nations, dans la joie, ont vu briller l'aurore de

leur délivrance ; partout les peuples ont répété : La révolution de la France est celle de l'univers !.....

2. Le ciel protège les guerriers des trois jours; leur victoire est son œuvre. Les peuples qui marcheront sur leurs traces demeureront toujours vainqueurs ; tous les efforts que feront leurs ennemis pour arrêter leur triomphe, serviront à l'assurer ; les trônes, à leur insu, enchaîneront les trônes ; tout leur sera propice, même l'autel, leur plus grand ennemi. Cette révolution, qu'ont opérée les enfans de la génération naissante, est dans l'ordre du progrès. C'est en vain qu'une main timide veut en arrêter le cours, semblable à un torrent impétueux, elle renversera tous les obstacles qu'on lui présente ; ses ravages seront d'autant plus grands que la digue élevée par les ennemis de l'avenir aura été plus puissante.

3. C'est par la victoire des trois jours qu'ont été chassés les rétrogrades; ces enfans des ténèbres qui règnent depuis tant de siècles et qui, en opposition avec le Créateur, voulaient refouler le présent vers les siècles les plus reculés de barbarie. Les stationnaires, d'une main timide, se sont emparés du pouvoir ; ils ont suspendu un instant la marche des enfans du progrès ; mais si la France est stagnante, les guerriers de la nouvelle génération ne sont point endormis ; ils déploient ailleurs leur étendart libérateur, partout ils sont triomphans. Le Belge, vainqueur, marche rapidement au progrès ; le généreux Polonais triomphera ou fera payer cher la victoire : le ciel, les élémens, les nations, tout combattra pour lui ; les despotes, réunis par une alliance infernale, n'attaqueront point impunément l'Italien, cet antique vainqueur du monde. Ce peuple s'éveille du repos honteux où il a été enseveli par le culte le plus dégradant de la terre ; ce culte, le destructeur et le sépulcre du véritable christianisme ? Qu'il brise ce joug avilissant, et il sera encore le peuple Romain !..... Nations, apprenez enfin à le connaître : tant que des prêtres, sous quelque forme qu'ils se présentent, vous dicteront leurs lois ; la paix, l'abondance et la gloire, tout fuira loin de vous ; la lumière et la liberté vous demeureront à jamais étrangères. L'autel est identique avec le trône des tyrans ; qui rampe devant l'un doit supporter les fers de l'autre.

4. Le despotisme et les cultes remontent à la plus haute antiquité ;

ils sont aussi anciens que le crime et que l'ignorance, sur lesquels ils sont également fondés; leur pouvoir est d'autant plus grand qu'ils appartiennent à des siècles plus reculés; il est d'autant moindre que nous approchons davantage de la lumière; à chaque pas fait dans le progrès, leur puissance et leur prestige s'évanouissent comme une vaine fumée. Unis de tout temps par un pacte odieux, ils ont toujours frappé de mort les envoyés du ciel; ennemis du progrès, ils ont, dans tous les siècles, exterminé ceux où ils soupçonnaient la moindre étincelle de lumière. Aussi long-temps que les disciples de l'envoyé des cieux purent nous transmettre quelques rayons du crépuscule qui les éclairait encore, ils furent livrés à des supplices inouis. Vaincus, et devenus enfans des ténèbres, eux-mêmes, en élevant des temples et des autels, ils furent successivement les plus horribles persécuteurs. Nous n'évoquerons point de leurs cendres les victimes encore fumantes qu'ils ont livrées aux bûchers; nous ne rassemblerons point les os épars de ces nombreuses populations que leurs phalanges sanguinaires, par des carnages atroces, ont partout dispersés; nous ne citerons que Socrate aux philosophes et le Christ à tous les adorateurs. Socrate attaque des prêtres imposteurs; il détruit leurs idoles, leurs prestiges, et la mort est la récompense de ses bienfaits. Le Christ frappe les cultes, le prêtre, l'autel, tout; il frappe même le trône des Césars, auquel il commande pourtant de payer son tribut; il déclare que le véritable adorateur n'adore ni dans les temples ni sur la montagne, ni selon l'ordre établi par tous les cultes, et Pilate et Caïphe, ou le trône et l'autel, qui pour lors étaient divisés, se réunissent pour le livrer au dernier des supplices.

5. Dans les jours de sa gloire, la France a porté un coup mortel au trône des tyrans et à l'autel de l'impiété; mais son bras a été retenu, et la sentence suprême qui les foudroie a été suspendue. Comme s'il restait encore quelques instans de ténèbres au monstrueux système qui succombe, le coq a levé la tête; il a fait comprendre par son chant que la nuit n'avait point fini son cours, et les ténèbres ont eu encore pour un moment la puissance d'arrêter le cours de la lumière. Mais l'aurore brille, et tout ce que la nuit protège de son voile lugubre fuit épouvanté. Les trônes,

basés sur le crime, s'écroulent; ils n'ont plus d'échafaud, plus de supplices et de carcans; ils n'ont plus de sang à répandre! la peine de mort est partout abolie par les enfans de la nouvelle génération. Tous les cultes, sans autre fondement que le mensonge, et leur antiquité, tombent par cela seul qu'ils sont décrépis et usés; ils tombent, parce que dans le domaine de la lumière rien ne subsiste qui ne soit une *vérité*.

6. Il est arrivé, ce temps où les principes des siècles de barbarie doivent disparaître! déjà tout se montre à nous sous un nouveau jour. Un roi ou tout autre gouvernement n'existe qu'à condition d'être identique avec son peuple, il n'en est point le père, comme un système de fourberie a voulu l'établir, pour qu'il en soit le tyran; mais il en est le fils, parce que c'est le peuple qui le crée et qui le nourrit.

7. Le criminel, sous le règne de la lumière, n'est plus repoussé du sein de la société; il n'est plus couvert de rebut et d'opprobre; il n'est plus ce malheureux auquel les lois et les mœurs barbares que nous attaquons ne laissent d'autre refuge que la misère, le crime ou la mort; mais il est un malade qu'il faut guérir en le rappelant à la vertu par les moyens même employés pour lui empêcher de nuire à l'harmonie sociale. Peuples, contemplez le messager des cieux, pour lui la femme humiliée et le pécheur répentant sont les plus grands dans le monde; il protége, il comble de bienfaits ceux-là même que les grands et les prêtres vouent à l'infamie ou à l'échafaud, et le criminel qui se reconnaît coupable seul avec lui s'élève du Calvaire pour aller habiter les cieux.

8. Sous les lois de la nouvelle génération, la femme, longtemps opprimée, avilie, recouvre sa dignité, ses fers tombent, et l'homme a un collaborateur; tout brille d'un double éclat! les sciences se montrent avec plus de splendeur, les arts déploient leurs trésors; tout se développe et s'embellit sous les efforts de sa main puissante. Les fleurs semblent à l'envi se multiplier dans nos parterres, nos arbres produisent de nouveaux parfums, le suc de nos fruits coule avec plus d'abondance. Eden enfin lui-même descend sur nos campagnes, dont il bannit l'affreuse misère... Le mal ou la douleur, qui partout menace les humains, faute de

pâture, fuit loin de nos contrées; la victime qu'il poursuit a trouvé un asile dans le cœur compatissant de la fille de la lumière et de la liberté!.....

9. Par la victoire des trois jours, le généreux artisan a mérité de rentrer dans ses droits. Droits que ses vils oppresseurs osent lui disputer encore; il a acquis le titre de citoyen, c'est-à-dire le pouvoir d'élire et d'être élu à toutes les places. Ce pouvoir dont veut s'emparer une nouvelle aristocratie, qui, n'ayant point assez de mérite et de talent à mettre dans la balance, les remplacent par l'or au poids duquel, ainsi que dans les âges barbares, elle voudrait encore que tout soit pesé. Mais qu'il tremble, celui qui s'empare des trophées de la victoire des enfans de la France, le Dieu *inconnu* qui gouverne le monde long-temps suspend les fléaux qu'accumulent sur leur tête cette multitude de despotes et d'imposteurs qui veulent encore nous asservir sous leurs lois. Sa voix, sans cesser d'appeler au repentir, cesse d'être entendue, et le méchant disparaît sous les fléaux que lui-même a évoqués de l'abîme.

10. L'heureux jour est arrivé où les cultes, leurs dogmes, leurs mystères et leurs légendes, tout passe dans le domaine de la science; chacun peut exprimer ses opinions avec une liberté absolue. Croire en Dieu ou ne point y croire appartient à la variété des systèmes; l'homme pour cela n'est ni plus mauvais ni meilleur; l'amour seul qu'il porte à ses frères le rend bon, comme l'égoïsme qui le fixe en lui le rend méchant, c'est ce que les faits, c'est ce que tout dans le monde atteste. Les hommes, toujours soumis à un gouvernement établi par la majorité et jamais à un culte, s'ils ne l'ont choisi sciemment et librement eux-mêmes, discutent sur Dieu; ils en définissent les attributs; ils enseignent, selon leur science, le principe et la fin de ses œuvres; ils tracent, s'ils le jugent convenable, la forme d'un gouvernement meilleur; ils indiquent un ordre de choses plus sage, et si la majorité, en adoptant leurs principes, demande une réforme, ils n'en sont pour cela que plus méritans aux yeux de la patrie. Ils ne sont plus, ainsi que dans les siècles barbares, pour des bienfaits, anathématisés comme des impies; le fer assassin du puissant ne frappe plus leur tête; ils ne

disparaissent plus sous les voûtes humides des sombres cachots ; ils ne montent plus sur les bûchers allumés par le prêtre, par cet hypocrite qui médite à présent même comment il pourra les allumer encore.

11. L'homme accoutumé dès la plus haute antiquité à considérer les prêtres comme les flambeaux de la terre, et les temples comme les sanctuaires de la vérité, est encore trop ébloui par la lumière qui l'éclaire pour reconnaître que les cultes sont la source des ténèbres et de la barbarie dans lesquels tant de nations ont trouvé la mort ; il est encore trop ébloui pour reconnaître que le crime et l'hypocrisie ont seuls accès au pied des autels. Un pressentiment secret lui indique pourtant la cause de tous nos maux. Les peuples, ou les masses dont l'instinct s'élève plus haut que la science, la lui dénoncent; mais alors il accuse la forme ou l'abus du culte et non sa nature. Dans son erreur, il nous en présente d'autres qu'il veut prouver meilleurs, quoique sous des noms différens ils soient toujours les mêmes que ceux qui nous ont fait tant de mal, et dont nous avons tant de peine à nous débarrasser.

12. Semblables à l'hydre qui succombe, les cultes ont pu, de leurs débris, jusqu'aujourd'hui renaître de nouveau ; partout nous voyons de nouvelles têtes surgir de leurs débris dégoûtans : là c'est une secte qui abandonne Rome avant que Rome ait disparu devant la sentence céleste qui l'écrase ; ici c'est le jésuite hypocrite et puissant qui, ne pouvant plus se cacher sous le feuillage divin de celui dont il prend si audacieusement le nom, se déguise en philosophe. Alors, pour ne point déroger à son système de fausseté, à ce principe du prêtre qui consiste à toujours faire le contraire de ce qu'il dit, il se place à la tête du progrès même, dont il veut arrêter la marche ; il sait qu'en raison du triomphe de la civilisation la femme doit être délivrée de ses fers et jouir des mêmes avantages que l'homme ; il sait que le noble artisan doit occuper le premier rang au milieu des nations, puisque c'est lui qui donne le plus et qui ôte le moins à l'état, et il ose proclamer leur liberté, lui qui, pour mieux les asservir, dépouille leurs enfans et livre leurs trésors à l'une de ces hiérarchies sacerdotales que tant de siècles ont rendue odieuse. Il croit en imposer en élevant un nouveau sacer-

doce sur les ruines de l'ancien, comme si le nom et la forme changeait son caractère ! Tout ambitieux qui se croit inspiré d'en-haut, aujourd'hui humble et hypocrite pour arriver au pouvoir, demain revêtu du sceptre des rois et de la mitre du grand-prêtre, montrera à tous, ce que peut un imposteur, armé des foudres de ce ciel qu'enfante le prestige, et des échafauds que lui offre la terre.

13. Ils viennent trop tard, tous ces fondateurs de nouveaux cultes! Au chant du coq, l'oiseau sacré des augures, ils jugent qu'il leur reste encore quelques instans de ténèbres, quelques siècles peut-être ; mais le cri qu'ils entendent annonce et la dernière heure de la nuit et l'arrivée de l'aurore. Déjà le crépuscule brille, et les cultes, qui ne peuvent exister qu'à l'ombre du mensonge, disparaissent sous ses premiers rayons.

14. Un océan de ténèbres couvrait naguère la surface entière du globe ; sur sa vague flottait majestueusement l'arche du salut, mais les hommes, au fond de l'abîme, demeuraient sans espoir pour l'atteindre. Les feux de l'aurore naissante dessèchent aujourd'hui les eaux du funeste déluge ; déjà l'arche touche à la terre, la colombe vole à l'ombre de la branche d'olivier qu'elle porte à son retour triomphant, et les nations voient paraître l'espoir de leur bonheur. L'arche salutaire est ouverte à tous, elle protège tout ; sa puissance est sans bornes, car c'est *l'amour!* Nul, s'il ne prend refuge dans son sein, ne peut franchir des siècles de barbarie aux siècles de lumière, là où brillent de nouveaux cieux, là où Eden la nouvelle terre déploie ses trésors et toute sa magnificence.

15. L'enfant de la nouvelle génération est le nouvel être qui, seul peut entrer dans l'arche ; seul il connaît l'amour généreux ; seul il peut habiter Eden. Il est cette créature céleste qui ne prie et n'adore rien de connu ; il ne saurait offrir de sacrifice qui ne soit lui ; il laisse cet attirail des cultes aux lâches qui craignent les enfers, aux mercenaires qui traitent avec leur Dieu ou plutôt avec leur bourreau pour acheter son paradis et éviter ses horribles tortures ! Comment peut-on demander quelque chose à son père ! comment le craindre ! L'habitant de l'arche sainte *aime* ses frères, et cela lui suffit. C'est dans son cœur altéré de la vertu qu'il détruit le crime ; il ne voit partout que lui seul de coupable ; c'est dans son

cœur qu'est le royaume de Dieu ! Là est renfermée toute la création passée, présente et à venir.

16. Tous les cultes, semblables à la grande prostituée décrite par Jean, ne sont assis que sur des blasphèmes. Craindre de se perdre et assurer son salut est le comble de l'abomination ; c'est une insulte à la bonté et à la puissance du Créateur. C'est une lâcheté qui caractérise les sentimens les plus vils. Celui qui aime peut-il craindre de se perdre ? celui qui aime peut-il habiter le ciel tant qu'une seule créature demeurant encore enchaînée dans l'abîme ne pourrait partager avec lui l'éternelle félicité ? D'ailleurs comment et où se perdre ? Il n'existe aucune puissance qui puisse retrancher un grain de sable de l'univers : qui donc en retrancherait un être ? sera-ce la source productrice ! Il faudrait qu'elle s'en retranchât elle-même ! Or tout ce qui est connu en nous appartient au système universel des astres, comme le grain de sable appartient à la terre ; *l'inconnu* en nous appartient à l'éternité, où nous arrivons par un germe qui est également inconnu et infini. Si nous n'avions point perdu la connaissance de hiéroglyphes, nous pourrions lire dans la nature quelque chose, non de la réalité, mais de la figure ou de l'image de ce germe. Le pepin, dans un fruit, est une enveloppe grossière qui recouvre son germe toujours inappréciable, quoiqu'il renferme une multitude d'arbres à l'infini. De même que les fruits passent d'une saison à une autre saison dans un véhicule inconnu, de même nous franchissons du temps à l'éternité, à cette éternité qui est en tout. Là un nouvel être est rappelé de ses cendres, il est réclamé de toutes les puissances qui le renferment ; là il constitue notre individualité ou l'épouse mystérieuse par laquelle nous jouissons d'un système de création quelconque. Le nouvel être, rappelé par la puissance du germe sur l'un des points et dans l'une des régions de l'immensité, n'est point dans un état de perfection dépendant de l'apparence bonne ou mauvaise qu'il a affectée dans ce monde, mais en raison de l'esprit qui l'a animé, c'est-à-dire en raison de la réalité de ses œuvres.

17. Par le germe qui est en nous, nous sommes des créatures infinies qui n'avons ni commencement ni fin ; par le développe-

ment de ce germe nous acquérons les limites qui forment le cercle d'activité de notre existence. Or ce germe, développé dans le temps sous la loi de la mort et de la corruption, produit l'être mortel par lequel nous jouissons de ce monde. Il est un mystère que nos facultés ne peuvent point comprendre, mais que publie le Créateur par sa toute-puissance, c'est que ses œuvres étant inaltérables, tout ce qui a été créé parfait et au sein de la gloire n'a jamais dérogé. L'homme est toujours l'époux et l'épouse dont s'énorgueillit l'éternelle création; Lucifer est toujours l'ange glorieux de la lumière, et Satan le prince de tout ce qui est grand, beau et magnanime. C'est ce que les Orientaux savent mieux apprécier que nous; mais tout cela appartient au système de la science. Nous nommons déchue toute créature qui ne jouit pas du complément de son état de perfection, quoique tout soit en elle, par son germe, en puissance d'être. Un instinct secret indique à l'homme et à la femme que leur état de perfection est d'être unis. L'attrait puissant qui les entraîne fait connaître à l'homme que l'épouse qu'il a perdue est dans la femme, et à celle-ci que son époux est dans l'homme. Comme ni l'un ni l'autre ne peuvent saisir cette source de leur bonheur à cause de l'individualité des êtres, qui fait que chacun veut retenir ce qu'il a, il en résulte l'état de souffrance, de misère et d'illusion dans lequel nous vivons dans ce monde.

18. Cependant la réunion de l'époux et de l'épouse doit s'effectuer; elle est le but de notre création; mais l'amour seul, qui détruit spontanément l'individualité, peut l'accomplir. L'amour seul fait que nous cessons d'être pour que l'objet que nous aimons seul soit existant; un autre mystère se présente encore : il renverse toutes nos vues; il nous a été annoncé non-seulement par celui qui l'a accompli, car rien ne peut être révélé de vrai et d'efficace que par les œuvres, mais encore partout, dans l'univers, c'est que l'amour réel ne peut avoir lieu qu'envers notre ennemi, puisque aimer un amant, un ami, c'est s'aimer soi-même.

19. La lettre que l'insensé nomme la parole de Dieu, et qu'il prêche d'un bout du monde à l'autre, ne peut absolument nous apprendre que la science ou l'histoire, tandis que l'œuvre la plus

secrète ou le sentiment qui se passe au fond du cœur, développe en tous et en tout, le vice ou la vertu qu'elle a fait naître dans le monde. L'un de nos frères, par l'amour de ses ennemis, a rappelé l'amour céleste sur la terre, et l'univers étonné n'a pu le comprendre; ses amis, ses disciples, tous l'ont abandonné. Accusé par les sages d'être un malfaiteur, il n'a eu de refuge que l'échafaud! Or partout où l'amour triomphe, il n'y a plus de mal, plus d'enfer; il n'existe plus rien sous la loi de la mort et de la corruption; tout au contraire est d'autant plus beau qu'il était, avant de passer sous les lois de l'amour, dans un état plus bas de dégradation. C'est pourquoi il est dit : O enfer, où est ta morsure! ô mort, où est ton aiguillon! C'est pourquoi il est dit qu'un pécheur apporte plus de gloire au ciel que quatre-vingt-dix-neuf justes.

20. Tout en Europe est dans l'attente d'un grand prodige qui doit avoir lieu dans le monde; les peuples ne se trompent point sur les avant-coureurs qui l'annoncent. Nous sommes arrivés à l'une de ces époques tellement rares que l'histoire ne peut rien nous citer de semblable. L'histoire est la mémoire des peuples confiée aux choses. Comme celle que les hommes peuvent lire sur les tablettes de leur fragile faculté, elle ne peut rien nous retracer que de confus au-delà de certaines limites. La lettre, lors même qu'on pourrait la traduire exactement, ne peut rien nous apprendre, si l'on ne transmet l'esprit qui l'a dicté; de là l'inutilité des écrits de Moïse et même de ceux des disciples du Christ qui ne font que nous jeter dans un dédale épouvantable. Cependant comme science et histoire, tout peut nous être utile, mais rien au-delà. Lorsque nous parcourons les diverses traditions de l'Inde, nous arrivons à travers un brouillard qui, malgré qu'il s'obscurcisse par la distance, nous laisse apercevoir que les cultes n'ont point été toujours les mêmes. Il y a eu un temps, et tous les monumens l'attestent, où les hommes adoraient le principe inconnu de la vie, l'insondable unité. Ce culte, hors du domaine de l'amour, était d'autant plus horrible qu'il eût été beau sous ses lois; il était celui du dragon, ce monstre redoutable dont les Chinois conservent encore l'insigne sur leurs étendards. Les puissans adorateurs de ce culte produisirent les géans fameux que toutes les tra-

ditions nous retracent comme ayant été précipités sur la terre après être montés, par leur haute sagesse, jusqu'à la porte des cieux. Fatigués d'errer dans les régions de l'inconnu (car voilà ce que veut dire en style oriental tomber du ciel sur la terre), ils cherchèrent à connaître, nommer et définir le principe inconnu, c'est-à-dire qu'ils s'en firent une image taillée. Ce premier pas les conduisit à une grossière idolâtrie; il produisit la division, de laquelle naissent la haine, la vengeance, le carnage, et tous les fléaux qui se multiplient avec les idoles et les temples.

21. En remontant à l'origine des cultes, nous trouvons qu'ils sont tous une dégénération de l'adoration du principe inconnu. Or rendre un hommage à ce principe autrement que par l'amour de nos frères est le premier pas vers l'idolâtrie. Aussitôt que nous lui élevons un autel et que nous lui bâtissons un temple, une idole seule reçoit l'encens sur l'autel, une idole seule habite le temple : cette idole c'est *nous-même*. Lorsque nous nous extasions d'amour pour un Dieu, lorsque pour lui nous livrons notre corps aux flammes, c'est *nous* que nous aimons, c'est pour nous que nous nous sacrifions dans le temps. Nous pouvons donc annoncer à l'univers étonné que le comble de l'abomination est cet amour de Dieu prêché dans tous nos cultes infernaux. « J'ai encore beaucoup de choses à vous dire, répétait la lumière du monde en sapant dans leur base et le temple et l'autel, mais vous ne pouvez m'entendre. « Cette lumière céleste est venue détruire tous les cultes en nous rappelant à l'amour; et pour mieux la repousser, nous avons multiplié et les cultes et les temples. Les hommes aiment beaucoup à propager l'amour de Dieu : cet amour flatte tous leurs goûts; il nourrit leur égoïsme, leur ambition; il est l'égide de tous les crimes! Quant à l'amour du prochain, ils le prêchent partout, mais ils ne le pratiquent nulle part. Celui-là ne protège ni l'égoïsme, ni l'ambition, ni le crime; bien au contraire, partout où il est une *vérité* il est impossible qu'il existe aucun mal; il est la racine du ciel même, tandis que l'autre est la source de l'enfer. Lisons l'histoire, et partout nous rencontrerons l'adorateur sur les trônes comme dans les carrefours, le fer, le feu et le poison à la main, consommant tous les crimes au nom de l'amour de Dieu. Quoi!

nous n'avons pas encore reconnu que ces feux de l'amour de Dieu ne sont que ceux dont nous brûlons pour nous-mêmes, et que là est la source de tous les crimes, de tous les fléaux qui ravagent la terre!....

22. Un pas vers l'idolâtrie conduit à un autre pas, et les idoles se multiplient jusqu'à ce qu'elles s'entredétruisent. Les adorateurs du principe inconnu cherchèrent bientôt le principe de la vie dans le feu et dans le sexe mâle; ils l'adorèrent sous ces deux emblèmes; presque aussitôt ils se divisèrent en deux branches : une partie crut trouver ce principe dans l'eau et dans le sexe féminin; elle entraîna un grand nombre de sectateurs qui l'adorèrent sous ces deux formes. En parcourant l'histoire des cultes, un moins ancien se présente à nous; Fo veut fixer ses sectateurs au principe inconnu, mais ses disciples eux-mêmes ne peuvent le comprendre : ceux-ci à sa mort se divisent en deux sectes; les uns prêchent le culte intérieur, les autres le culte extérieur, entre lesquels se divisent encore les Chinois. Quelques siècles plus rapprochés de nous, paraissent les disciples du Christ, qui sont bien loin d'avoir entièrement compris leur maître, ainsi qu'il le leur reproche lui-même. Ils jouissaient encore du crépuscule de leur céleste soleil, que déjà ils tombent dans la plus grossière idolâtrie; Pierre, rigide et austère, tenant tout des adorateurs du feu, car les cultes, en se succédant, changent de nom, de forme, mais ils renferment toujours l'esprit et les principes de ceux qui les ont précédés, Pierre enseigne l'adoration sous les formes. Il a Paul pour antagoniste. De violentes disputes s'élèvent souvent entre eux : celui-ci, plus doux, plus ami des femmes, les associant à ses travaux comme son maître, tenant des adorateurs de l'eau, rappelle légèrement au dieu inconnu et à l'amour; mais il tombe dans le pharisaïsme, ce qui le réduisit à peu près au même degré d'idolâtrie que tous les autres sectaires. Aujourd'hui encore l'esprit de Pierre préside au catholicisme grec et romain : celui de Paul préside au protestantisme. Or nous avons passé toute notre vie au milieu de ces deux grandes sectes, sur les deux hémisphères, étudiant leurs diverses ramifications, que nous avons reconnu pour être toutes étrangères à l'amour.

23. Le grand prodige que tout annonce doit déterminer un changement radical, surtout dans nos idées; car tous les cultes doivent disparaître, eux et ce *Dieu* monstrueux au nom duquel, depuis tant de siècles, on endort et on enchaîne les humains. Tout cet attirail absurde de dogmes, de cérémonies et de hiérarchie sacerdotale, qui tous ensemble ne composent qu'une scène de comédie ridicule, doivent être anéantis. Le Christ lui-même, en apportant la lumière dans le monde, a prononcé contre eux une irrévocable sentence. « Aimez-vous les uns les autres, à cela je reconnaîtrai que vous êtes les adorateurs du vrai Dieu. » En cet amour seul consiste tous ses préceptes; il ne faut pour cela ni dogme, ni prêtre, ni temple, ni autel!... Le trône et l'autel ont pu frapper de mort le porteur de lumière, mais ils n'ont pu empêcher son esprit de franchir les siècles de barbarie, et cet esprit d'amour ressuscite aujourd'hui; il anime les peuples qui le reçoivent; une lutte violente s'élève entre eux et les trônes et les autels, qui sont ses destructeurs. Le combat est commencé : il ne se terminera point avant que l'une des deux parties belligérantes ait assuré sa victoire. Il faut que les peuples reçoivent des fers plus pesans, et que, rampant au pied des autels, ils redeviennent ignorans et barbares, ou que tous les trônes qu'ils n'ont point créés soient anéantis.

24. C'est une grande illusion que de croire aux intentions pacifiques des rois, qu'une cause commune réunit; il est incontestable que, de même que les peuples ont juré la destruction des tyrans, les tyrans ont juré l'asservissement des peuples; c'est mort pour mort, car l'esclave ne jouit pas de la vie; il est nul; son maître seul vit en lui. O Pologne! à l'instant où nous écrivons tu augmentes de ton sang les flots de la Vistule. Que n'as-tu proclamé la liberté de ton peuple encore serf sous une aristocratie vaillante, mais aveugle!.. et tu commanderais à la victoire! Si l'infernale alliance des rois, si souvent menacée, parvenait à envahir une troisième fois la France, la grande cité, centre de la civilisation d'où partent les feux qui l'épouvantent, tomberait sous leurs coups! O France, entends donc dans ton sein les cris de ces prêtres forcenés et de ces vils satellites des despotes qui jurent de te livrer, toi et ta capitale, Paris, qui vient de se couvrir d'une gloire immortelle. Les légions qui conspirent

sont nombreuses ; elles se composent de misérables assassins qui, trop lâches pour se reposer sur leurs poignards, comptent sur les phalanges étrangères. Tes ennemis regardent ta perte comme certaine ; mais quelle illusion !... D'un seul mot ton prince peut assurer ton triomphe ; qu'il proclame la *vérité* de la révolution de 1830, alors des institutions franchement *républicaines*, et un roi identique au peuple qui l'a créé, multiplieront tes guerriers comme le sable de la mer, non-seulement dans ton sein, mais partout, chez les peuples même les plus esclaves, car partout il y a des enfans de la lumière prêts à déployer ses étendards triomphans, et à leur ombre viendront se ranger plus d'un prêtre et plus d'un fils des rois ! Le nombre des enfans de la nouvelle génération est inconnu ; tout, jusqu'à la vieillesse, renaît à la lumière !...

25. Le peuple français, animé par les sentimens généreux des enfans de la nouvelle génération, est toujours pleine d'amour pour le gouvernement qui se confie à lui. Lorsque ce rapport d'amour et de confiance est établi, la France peut défier tous les despotes réunis. Mais quand il voit une marche indécise, il est turbulent et inquiet ; il juge, et il tremble pour sa liberté ; il vient d'être offensé par les satellites des tyrans ; il a levé la main, et les temples allaient disparaître. S'il les a frappés de son bras exterminateur, c'est pour indiquer à l'État où est le danger qui le menace lui-même ; il lui a répété en son langage la sentence de l'envoyé du ciel, qui le premier a déclaré qu'il viendrait un temps où il ne resterait pas pierre sur pierre de ces édifices maudits, de tous ces temples nommés à si juste titre caverne de voleurs. Or, ce qui constitue le temple, ce n'est point la maison de pierre, mais bien la hiérarchie sacerdotale et ses congrégations, c'est ce corps monstrueux qu'aucun Dieu ne supporte, car il n'en eut jamais !... Quant au fantôme, au vain prestige que le prêtre invoque dans ses sanctuaires, et qu'il présente aux malheureux adorateurs comme étant *Dieu*, il ne compte guère sur lui ; il sait très-bien qu'il n'est qu'un prestige éphémère ; son véritable Dieu c'est *lui* ; le ciel, sur la protection duquel il compte, c'est l'or, ce sont les honneurs qu'il reçoit des rois despotes et des esclaves qui encensent ses idoles. Que le véritable temple, composé d'imposteurs ambitieux et de

dupes soit détruit ; et pour cela il ne faut qu'ôter aux uns l'or qui leur sert de base, et éclairer les autres, et bientôt tous les édifices de pierre seront métamorphosés en palais splendides et en monumens utiles.

26. En attaquant le caractère du sacerdoce et du despotisme, les enfans de la nouvelle génération ne repoussent point de leur sein ceux qui en sont revêtus ; ils les considèrent comme des insensés ou des criminels qu'il faut guérir et non livrer à l'infamie ou à la mort. Le prêtre, comme homme, est notre frère ; il peut appartenir à la nouvelle génération ; il peut même en devenir un des grands flambeaux. Comme revêtu du sacerdoce, il doit être libre d'exercer son culte, de même que chacun doit avoir la faculté d'éclairer les peuples et de les désabuser lorsqu'ils sont trompés. Or il est de toute justice que celui-là seul qui occupe le ministre de son culte lui paie son salaire ; l'adorateur doit être libre d'orner son autel, mais nul ne peut sans désordre imposer son signe ou son cérémonial à la société en général.

DEUXIÈME PARTIE.

DERNIER SOUPIR DU DESPOTISME ET DE L'AUTEL.

La Nuit.

27. Un Dieu! toujours un Dieu! un Dieu dont le nom, les attributs, la puissance, tout est un perpétuel mensonge! et la vérité nulle part, la lumière repoussée partout!... Les prêtres de tous les cultes n'ont que de vaines idoles à nous offrir; étrangers à l'amour, ils n'ont jamais connu le vrai Dieu!

28. La vérité, jusqu'à présent, n'a pu être révélée que sous le voile du mystère. Moïse sur le mont Sinaï, Jean dans l'île de Patmos, n'ont point encore été compris. Socrate pour avoir soulevé le voile, le Christ pour l'avoir déchiré tout entier, ont été mis à mort; c'est avec les ruines de l'édifice du mensonge, c'est avec les débris des temples et des autels renversés par les envoyés des cieux, que le prêtre a fondé ses cultes, avilissans autant que corrupteurs; ces cultes dont l'analyse et les fruits, tout en eux fait frémir d'horreur; ces cultes enfin qui ont pour base la crainte et l'égoïsme, les deux sentimens les plus dégradans pour l'humanité.

29. Les enfans de la lumière qui, à des siècles éloignés, ont paru dans le monde pour établir le règne de la nouvelle génération, ont tous rendu témoignage à la vérité. Fo, que l'on nous représente comme le fondateur de ce culte fameux que tant de peuples vénèrent en Asie, arrivé sur le bord de la tombe, révèle à ses disciples que tout Dieu adoré par des moyens connus était une erreur; Moïse déclare, à la tête de sa loi, que nommer ou figurer Dieu était une idolâtrie; Socrate frappe les dieux et les augures sous lesquels les Grecs étaient asservis; le Christ se montre, et les cultes, le temple, la loi, les prêtres, tout disparaît devant lui!.... O ténèbres puissantes, qu'ont fait alors vos satellites odieux? Ils ont pris l'histoire même des destructeurs des autels; ils ont pris leur morale, dont ils ont détruit l'esprit, et sur elles

ils ont fondé les cultes abominables qu'ils imposent à notre enfance, en violant le plus sacré des sanctuaires! Tous ces cultes si différens par leurs noms ne sont qu'un par leur essence; c'est toujours la même idole que chacun de nous adore, soit qu'il confesse ou qu'il nie la divinité; cette idole, qui est le *nous-même;* cette idole qui est la bête dénoncée comme étant universellement adorée dans le monde.

30. C'est à l'univers étonné que nous venons annoncer que la plus grande et la plus dangereuse de nos illusions c'est le prétendu amour de Dieu; l'homme, sous ce masque, n'est qu'un hypocrite qui, n'ayant que lui pour objet de son amour, a le bras levé pour commettre tous les crimes, ces crimes qu'il commet toujours si la gloire de son Dieu ou son intérêt l'exige, et jamais s'il lui est plus avantageux de ne les jamais commettre. Tous les adorateurs, aux pieds de leurs autels, n'ont point d'autre base de leurs vertus. Excepté la génération nouvelle, qui est naissante, nous avons pour antagonistes le présent et cent siècles de barbarie en arrière peut-être; mais nous avons pour nous l'avenir, et nous ne craignons point le combat. Nous répétons : Aimer Dieu, c'est de toutes les erreurs la plus grande; cet amour est la source de tous les maux; aimer ses frères, se sacrifier pour eux dans le temps et dans l'éternité, c'est le seul amour commandé par le ciel; seul il est la source de tous les biens.

31. Dieu est un nom que nos prêtres nous présentent sous diverses formes; ils en font un fantôme colossal pour épouvanter les peuples, et ce fantôme, pour eux, est tout ou n'est rien, selon qu'ils sont plus lâches, plus mercenaires et plus barbares, ou qu'ils sont plus généreux et plus éclairés. C'est pourquoi nous voyons toujours l'homme instruit et à grand sentiment devenir athée ou admettre un Dieu pour la forme, comme nous voyons l'ignorant, l'homme à vues étroites et doué d'un caractère vil et rampant, devenir adorateur et s'extasier dans ce ridicule amour de son Dieu. L'homme éclairé, le savant, en déclarant qu'il n'y a point de Dieu, n'encense pas moins la divinité généralement adorée, le nous-même; seulement il ne la sert que dans le temps, tandis que l'ignorant croit la servir dans l'éternité.

32. Quelles que soient les opinions des hommes, leurs lumières et leurs erreurs, il y a devánt leurs yeux trois choses qui rendent elles-mêmes un témoignage qu'aucune puissance ne peut effacer. 1° Il n'existe point d'effet sans cause; eh bien! la cause qui préside à la chute d'un cheveu de notre tête, pour nous servir de l'expression de la grande lumière, comme celle qui préside à la formation de l'univers, c'est Dieu, ce Dieu que l'on ne peut nommer, figurer et aimer sans être idolâtre, hypocrite ou impie. 2° Il existe une source du bien; cette source, c'est l'amour de nos frères: partout où cet amour a lieu, tout est ciel, tout est pure félicité. 3° Il existe une source du mal; cette source, c'est l'amour de nous-mêmes; partout où l'homme travaille pour lui et ne pense qu'à lui, le mal, avec toutes ses horreurs, s'élève sur son horizon : il habite l'enfer. Or l'amour de nos frères seul mérite le nom d'amour; ce sentiment, exprimé envers un autre objet, est toujours un mensonge ou un crime...

33. Le Dieu que l'on nous prêche dans tous les cultes étant une complète illusion doit nécessairement avoir autant de formes et de propriétés qu'il y a d'individus; chaque imagination le fait selon son dérèglement et sa capacité. Pour l'homme instruit qui n'a point encore lu à la lueur des nouveaux feux, son Dieu c'est lui et rien que lui. Pour les hommes ignorans, leur Dieu c'est eux, plus le prestige. Les hommes ignorans composent encore la masse des peuples, et pour ces peuples Dieu est un centre de prestige qui acquiert de la puissance en raison de leur dégradation; il exerce sur eux une action qui est en raison de leur état d'ignorance et de barbarie. Il y a des nations sur la terre tellement dégradées que le pouvoir de ce fantôme sur elles est immense. Tous les dieux, ou plutôt toutes les idoles, quel que soit leur nom dans les divers cultes, sont créés par les peuples mêmes, qui les nomment leurs créateurs ou leurs sauveurs. Ils sont des centres d'action où est accumulée une quantité plus ou moins grande de fluide magnétique animal; la volonté d'une masse de sectaires dirigée vers un point que l'on nomme Dieu, et qui est toujours une image, produit ce fluide, qui, étant mis en jeu pour opérer une action quelconque, peut réagir sur chaque sectaire en raison de l'intensité de

son désir et de la force de sa volonté. Il peut alors produire des cures et divers autres prodiges ou prétendus miracles; mais tout se passe, ainsi que dans le magnétisme animal, dans le domaine de l'illusion. Les cultes, comme le magnétisme, quoique remontant à la plus haute antiquité, n'ont jamais pu opérer aucun bien en faveur de la race humaine; ils n'ont pu apporter aucune amélioration aux sciences et aux arts; ils n'ont jamais produit aucune vertu! Ce sont deux prestiges séducteurs qui, stériles en bons fruits, en produisent une prodigieuse quantité de mauvais. Or les cultes dans tous leurs degrés, le magnétisme le plus bas comme la théurgie la plus haute, tout appartient au même principe, et pas plus l'un que l'autre ne peuvent s'élever hors du domaine du temps ou de l'animalité.

34. Jean, l'un des enfans de la nouvelle génération, le plus grand flambeau de la terre après le Christ, déclare que le Dieu universellement adoré est une bête monstrueuse. Et comment serait-il autre chose? La volonté de tous les adorateurs, en dirigeant les désirs et les sentimens de leur humanité dégradée sur un point où ils déterminent un centre d'action magnétique, ne présente, à ce point où est réellement créé le prestige, que les désirs et les sentimens qui nous sont communs avec l'animal; car celui-ci, comme les adorateurs, craint le puissant qui le menace; comme eux il aime celui qui le caresse, il se dévoue pour ceux avec lesquels il est identique; comme eux enfin il hait, déchire et met en pièces celui qui nuit à ses intérêts ou qui s'oppose à ses desseins.

35. Chaque peuple ou chaque sectaire crée lui-même son centre de prestige, dont la puissance est toujours en raison de son ignorance et de la force de sa volonté ou de son entêtement et ténacité, c'est-à-dire de sa méchanceté, qualités qui toutes constituent essentiellement le fanatique. Les savans peuvent se créer, comme les ignorans, un centre magnétique; mais leur Dieu, sans habiter la lumière, en habite le simulacre, et là il peut y avoir, comme chez l'ignorant, mensonge et hypocrisie, mais point de prestige; leur secte alors ne se nomme point culte, mais philosophie ou système. Tels sont le déisme, le matérialisme, l'athéisme, etc. Il

n'est point nécessaire de nommer *Dieu* le centre de prestige d'un peuple ou d'un sectaire, mais il lui faut un nom afin de l'*idoliser*. Le Russe, ce peuple esclave et barbare, nomme le sien *saint Nicolas ;* l'Espagnol, dont la masse du peuple n'est qu'une horde de voleurs et d'assassins, le nomme *vierge Marie;* Ignace de Loyola lui donne le nom de *Jésus,* etc. C'est toujours sous les feuillages les plus fleuris, sous le nom des morales les plus belles que se cachent les monstres qui sont la source des plus grands maux ; et tous les dieux connus et adorés sur la terre sont ces monstres vomis par les enfers.

36. Il commence, le nouveau jour où les vérités que nous cherchons à publier pourront être admises. Le royaume d'en haut descend dans nos contrées si long-temps malheureuses, et déjà son aurore brille sur notre horizon ! A l'approche du soleil éclatant qu'annonce l'aube dorée qui les éclaire, les hommes, animés par l'espérance d'un avenir plus heureux, voient avec joie le mensonge, le prestige, les cultes enfin repoussés de leur domaine ; leurs enfans, pour combattre les ténèbres, naissent tout armés de la lumière. Or le royaume d'en haut ne s'établit point sur la terre comme le vulgaire des hommes pense ; chacun cherche les guerriers du ciel sur les trônes, dans les palais, dans les temples et au pied des autels ; mais est-ce là où les a trouvés le Rédempteur qui est venu poser la première pierre de ce royaume? n'y a-t-il pas rencontré au contraire ses ennemis et ses meurtriers? Les guerriers célestes, inconnus jusqu'à ce jour, combattent dans les rangs du pauvre ; on les trouve sous les drapeaux du généreux artisan ; ils animent le noble cœur de la femme opprimée ; ils sont les enfans de la France, dont le bras armé pour le ciel fait rentrer sous la poussière les satellites orgueilleux du trône dégradé et de l'autel du crime.

37. Deux étendards fameux sont aujourd'hui déployés ; celui des ténèbres couvre encore de son ombre lugubre la plupart des nations ; il couvre de ses lambeaux dégoûtans tous les peuples qui plient sous les tyrans ou qui obéissent aux cultes ; celui de la lumière se lève comme un soleil de gloire ; il lance partout ses rayons éclatans. Entouré de guerriers brûlans d'amour et de vaillance, il

protège ceux qui, marchant vers le progrès, proclament l'universelle liberté!... Les peuples éclairés voient sans pâlir les avant-coureurs de la tempête; mais les trônes, les autels, tout ce qui leur appartient est tremblant. Le signal du combat déjà se fait entendre; la main du fanatique ébranle l'airain lugubre, cet airain qui sonne l'heure du carnage, cet airain qui ne sonna jamais que la mort!... Les trônes chancelans appellent à leur aide leurs nombreuses cohortes; l'autel leur offre la multitude innombrable des adorateurs: l'or, le fer, le feu et l'échafaud, tout semble leur être propice; tout est en émoi pour annoncer leur triomphe, ce triomphe prématuré présage des grandes défaites!... Sous l'orage, sous la foudre qui frappe, qui anéantit le méchant, les enfans de la nouvelle génération se multiplient comme les fleurs que le printemps fait éclore; ils naissent tout armés pour le combat; leurs lances brillent dans l'espace; le ciel protège leurs phalanges, et la victoire leur est assurée pour toujours; elle leur est livrée par les efforts mêmes que font leurs ennemis pour les anéantir.

38. O lumière! tout dans l'univers fait présager ton triomphe, mais tous les cœurs ne te sont point ouverts; les enfans de la nouvelle génération te voient seuls avec joie; seuls ils sont nés pour ton règne; les satellites des ténèbres, au contraire, publient ta défaite; soutenu par des légions nombreuses, le Dieu des enfers tient encore le sceptre du monde; il dicte ses lois à l'univers entier. Les prêtres, fiers du pouvoir qu'ils exercent sur les peuples et sur les rois, promettent d'assurer son triomphe; ils osent encore nous menacer d'anathèmes; ils osent, pour jeter l'épouvante, nous menacer de leurs foudres; mais vaines promesses! vaines menaces! Les peuples, trop long-temps aveuglés, s'éclairent par de nouveaux feux; et les rois, bientôt honteux du joug qui les humilie, sauront eux-mêmes s'en affranchir.

39. C'est à la génération naissante que nous annonçons des vérités que la génération ancienne a refusé de recevoir; c'est aux hommes aveuglés par une foule de préjugés, c'est à ceux qui croupissent au pied des autels que nous annonçons que les dieux adorés sur la terre ne sont que des idoles impuissantes; c'est à tous que nous annonçons la source de nos maux, et cette source ce sont les

cultes et leur Dieu! Fils des ténèbres, élevez la voix; prêtres, sonnez l'alarme; nous portons l'épée au sein de votre empire. Vous avez cru que vous étiez invincibles, parce que, cachés sous les dépouilles de celui que vous avez immolé, vous avez, en affectant son langage, détruit son esprit; mais le voile tombe, et vous demeurez à nu; la peau de l'agneau vous est ôtée, et vous n'êtes plus que des loups dévorans; vous êtes la race de vipères condamnée par la sagesse divine.

40. Tristes partisans de tous ces cultes maudits, qu'allez-vous nous répondre lorsque nous vous demanderons quel bien tous vos dieux ont produits dans le monde? Pouvez-vous nous en citer aucun? Tout au contraire ne les accuse-t-il pas d'avoir accumulé meurtres sur meurtres, attentats sur attentats? Jusqu'à quel point n'avez-vous pas confirmé la sentence qui déclare que vos prosélytes sont pires après qu'avant leur conversion? Avec quelles couleurs plus noires pouvez-vous être peints que sur les tableaux qui vous représentent au Pérou, au Mexique, au Japon, en Chine, partout enfin où vous avez déployé vos bannières dégouttantes de sang et de forfaits?...

41. Sans avoir à fouiller bien avant dans l'histoire pour reconnaître les horribles fruits des cultes, il ne faut que remonter au siècle de François Ier, où les généraux fanatiques de ce prince barbare égorgeaient impunément des peuplades entières sous prétexte qu'elles étaient hérétiques. En tournant rapidement des pages qui nous épouvantent par le récit des crimes atroces commandés et exécutés par les papes, les rois et leurs exécrables satellites, nous arrivons à ce prélat odieux qui, étonné que les généraux employés au siége de Besiers n'étaient pas aussi féroces que lui, leur répond, lorsqu'ils veulent savoir comment ils distingueront au sac de la ville les catholiques des protestans : « Tuez tout, Dieu saura reconnaître les siens. » Et voilà ce que l'on nomme, selon l'esprit du sacerdoce, un cœur animé de la charité chrétienne, un cœur plein de zèle pour la gloire de son Dieu!

42. Frémissant d'horreur et suivant l'histoire qui nous retrace les crimes affreux et des pontifes et des rois, nous rencontrons

Charles IX, qui vient nous étonner par de nouveaux forfaits. Aucun siècle ne nous représente rien de semblable aux paroles horribles prononcées par ce monstre : « Le corps d'un ennemi ne sent jamais mauvais. » Un tel discours est digne du frère des Henris [1], du descendant de nos rois, du fils enfin de Catherine de Médicis !... Cette femme, dont l'historien sans rougir ne peut retracer le nom, était une colonne du culte ; Rome la comblait de toutes ses bénédictions. Cette fanatique forcenée, entourée de prêtres qui soutenaient son horrible piété, faisait dire des messes et réciter des prières pour alimenter le feu infernal qui circulait dans ses veines ; et c'est dans la ferveur de son culte qu'elle dirigeait, de concert avec Charles, le massacre de la Saint-Barthélemi. Or qui peut révoquer en doute que le Dieu adoré par ces monstres ne fût pour eux Moloc, ce roi des enfers qui ne peut être désaltéré que par le sang des humains !

43. Alors que nous dévoilons les fanatiques catholiques souillés de tant de meurtres ; alors que nous désignons leurs chefs, que tant de crimes ont rendus fameux ; soit Alexandre VI, que personne ne peut nommer sans rougir, soit tous ceux qui ont occupé le trône des pontifes, ce trône qui s'engloutit écrasé par tant de crimes ! là, où nous avons vu de forcenés vieillards, s'agitant dans leurs fureurs et maudissant tout ce qui ne répondait point à leurs désirs de vengeance ; maudissant tout, jusqu'aux dominicains qui, à leur gré, ne faisaient point couler assez de sang, parce que les bûchers de l'inquisition ne fournissaient point assez de victimes à leur Dieu ; alors que nous indiquons tant d'autres monstres que l'histoire nomme, en retraçant le règne de tous les prêtres et de tous les rois, nous sommes loin de justifier les autres sectaires, et surtout l'orgueilleux protestant, qui, plus esclave de la lettre et plus pharisien que le prêtre catholique, se regarde comme le plus éclairé sur la terre.

44. Les réformés ont d'abord attaqué la racine des cultes ; éclairés par Paul, leur grand apôtre, ils retournèrent au Dieu inconnu ; les idoles, leurs sanctuaires, tout tombait sous leurs coups. Mais

(1) Un seul de ce nom ne déshonora pas la France, et les prêtres l'ont assassiné.

bientôt ils ont élevé autels contre autels, ils ont opposé poignards à poignards ; bientôt, plus vils que les sectaires qu'ils confondaient, ils ont élevé les temples de l'hypocrisie et du pharisaïsme sur ceux de l'idolâtrie ; alors ils n'ont plus été que de véritables fanatiques combattant d'autres fanatiques d'une couleur différente. Ils ont partout prouvé qu'ils étaient aussi idolâtres et aussi étrangers à l'amour que les sectaires de tous les autres cultes.

45. Si le prêtre exerce encore une telle influence sur les peuples que les faits historiques, en retraçant ses crimes, ne soient pas suffisans pour détruire le prestige que sa fourberie et ses mensonges alimentent, écoutons-le lui-même, se mettant à nu dans ses propres temples, dans ces temples dont il ébranle tous les jours les voûtes par ses impostures et par ses blasphèmes. Les échos de ces sanctuaires du crime semblent nous redire les actions de grâces qu'il rendait à son Dieu, lorsque ses armées, avides de carnage, avaient, dans les dernières guerres religieuses, fait couler par torrens le sang de ses ennemis ! O prêtre hypocrite ! contemple-toi toi-même ! toi, tout rayonnant de gloire sur les marches de ton autel, chantant un *Te Deum*, parce que celui qui s'opposait à ton ambition avait été anéanti ; parce que des peuplades tout entières, que tu nommes hérétiques, avaient été égorgées. Nous diras-tu alors que tes temples soient élevés au nom du Christ, et que le Dieu d'amour les remplissait de sa présence ? Tout n'atteste-t-il pas au contraire que tes autels sont élevés au dieu des enfers, et que tu es toi-même le ministre de cette horrible divinité ?

46. Les enfans de la nouvelle génération ont en horreur, de même que les premiers chrétiens, tout cérémonial dans un temple, toute adoration du connu, ils s'éloignent du sensible ; d'eux-mêmes, ils s'élèvent au-dessus de ce MOI, au-dessus de cette idole pour laquelle tous les cultes sont institués ; ils mettent sous leurs pieds cette bête qui marque tout de son sceau et qui fait que le ciel, la vertu, tout se vend et s'achète !..... Lorsque la générosité donne des chaînes à ce monstre, toutes les vertus divines brillent dans le monde. L'homme s'oublie ; il se sacrifie pour ses semblables ; il élève, il glorifie ses frères, et la douce civilisation étend son empire ; elle nous dicte ses lois d'amour et de dévouement. Sous son

règne, nos contrées sont embellies par des fleurs célestes; chacun embaumé de leurs parfums, enivré par leur beauté, croit habiter le ciel même! L'homme pense à lui, il est le but de ses désirs, il travaille à sa gloire temporelle ou éternelle; qu'importe, il y a autant d'égoïsme d'un côté que de l'autre, et les cieux, pour lui, pour tout ce qui l'entoure, sont roulés; le malheur et le crime seuls paraissent sur son horizon; tout pour lui est un enfer affreux!..... Or, pour connaître ces deux vérités fondamentales qui nous indiquent la source de tous nos biens et celle de tous nos maux, nous n'avons besoin ni de culte ni de lettre écrite; cette lettre et ces cultes qu'a repoussés l'envoyé des cieux et que nous repoussons avec lui comme étant les instrumens de l'erreur, du mensonge et de la mort. Quoi! les hommes s'appuient sur une lettre, qui, altérée, corrompue par les propagateurs des ténèbres, par les siècles, en proie à la plus honteuse barbarie, et ils dédaignent les faits, ils dédaignent le langage parabolique qui, par la bouche de la nature, de tout, publient les vérités qui nous sont seules essentielles de connaître!

47. Fondateurs des cultes, et vous tous qui les prêchez, en vous disant avec audace les disciples de celui même qui est venu les détruire, et dont vous fûtes comme vous êtes encore les meurtriers, dites-nous, si de vos temples on retranchait la bête horrible (le MOI) qui partout reçoit votre encens, où seraient toutes ces institutions dont vous vantez et la pureté et l'origine céleste? Basées sur l'égoïsme ou le rapport de tout à soi, peuvent-elles avoir un caractère plus infernal?..... Tous les cultes n'ont d'autre origine que l'imagination exaltée de quelques fanatiques; ils n'ont d'autres preuves de la nécessité de leur existence que ces sentimens d'égoïsme et de crainte, identiques à l'ignorance et à la faiblesse, ou plutôt à la lâcheté. Tous les hommes chez lesquels la grandeur d'ame, la générosité, la vertu enfin, dominent, sont étrangers aux cultes ou disposés à s'en éloigner; tous ceux qui, repoussant la vertu, deviennent lâches, pusillanimes, mercenaires et ambitieux, se réfugient aux pieds des autels. Tout nous éclaire, et nous demeurons aveugles!

48. Habitans de la terre, au lieu de trembler en voyant la chute

des cultes, tressaillez d'allégresse, c'est l'Éternel lui-même qui les confond. Toutes ces prières et ces vœux adressés à une prétendue divinité ne sont qu'une honteuse déception; le vrai Dieu se prie par les œuvres, qu'il exauce toujours, tandis que les paroles, jamais. L'homme qui obéit au ciel s'occupe de travaux utiles à la société, et le ciel, qui lui commande le travail, accorde à sa main laborieuse les biens que par ses sueurs il lui a demandés. Celui qui passe sa vie à prier, à adorer, dans un monastère ou au pied des autels, obéit au dieu des enfers, et l'enfer seul a pu l'entendre, parce que l'enfer, toujours en opposition avec le ciel, qui commande d'aider ses frères, a seul pu l'inspirer en lui commandant l'oisiveté. Or l'enfer, stérile en tout, excepté dans le mal, lui ouvre ses trésors, et les crimes et les fléaux fondent comme un torrent sur lui et sur les nations assez aveugles pour adorer le même dieu.

49. Loin de détruire la prière et l'adoration, nous déclarons au contraire que l'une et l'autre doivent être continuelles. Celui qui cesse un instant d'adorer est, pendant cet instant, dans un état d'impiété; mais celui-là seul adore, celui-là seul prie avec ferveur, qui se consume d'amour pour ses semblables, travaillant à embellir leur habitation, perfectionnant les sciences, les arts, tout. Si l'amour céleste présidait aux travaux du généreux artisan, le royaume d'en haut descendrait sur la terre; mais l'artisan, tout, n'habite que le simulacre ou plutôt que le tombeau de cet amour; le propre intérêt préside à toutes ses œuvres, et au lieu du royaume d'en haut, nous ne jouissons que de celui de ce monde, qui, dans son plus haut degré de civilisation, est bien loin d'être parfait. Mais qu'est-il sous les cultes? Un enfer!.....

50. Les prêtres, toujours opposés au ciel et au progrès, pour mieux détruire l'adoration en esprit et en vérité, ont institué leur mode d'adorer, et ils lui ont consacré plus particulièrement le dimanche. Ce jour, employé au repos et à la récréation, est dans l'ordre social. Mais, tel qu'il nous est présenté par les cultes, il est de toute absurdité. Pour le moine, pour le zélé adorateur, tout est jour de sabbat, qu'il nomme jour de prière; et sa prière consiste à ne rien faire qui puisse être utile à la société; où en serions-nous si la civilisation n'arrêtait point les progrès de tous ces cultes

destructeurs? L'oisiveté nous conduit au crime et à la barbarie. Le moine hypocrite qui veut cacher sa marche ténébreuse tendant à la destruction de la race humaine, ordonne dans les couvens des travaux ; il condamne même, du bout des lèvres, l'oisiveté ; mais il ne permet le travail que lorsqu'il ne produit aucun fruit utile à la société.

51. L'adorateur, dans tous les cultes, marche d'autant plus rapidement vers la barbarie qu'il est plus fanatique et plus bigot, c'est-à-dire qu'il s'aime davantage lui-même ; il observe le jour du sabbat avec une rigidité qui est, en raison de son exaltation, superstitieuse. Ici le protestant, en se mettant à nu, prouve qu'il est dans un état d'idolâtrie, sur ce point, plus bas que le catholique, et que, caché sous un feuillage plus fleuri, il marche au même but; tous dégradent et perdent également les nations qui sont assez aveugles pour les écouter. Le Christ, toujours en opposition aux ministres des cultes, ne se soumettait point à l'observance de ce jour ridicule; il ne se soumettait jamais à la lettre, et les prêtres, qui ont été mus de tout temps par le même esprit de ténèbres, l'accusaient d'impiété. Les sectateurs de la lettre ont placé les adorateurs de tous les cultes dans une position parfaitement en harmonie avec leur système de fourberie, en leur donnant pour guide cette lettre, qu'ils ont tellement défigurée que l'on peut y trouver le pour et le contre à toutes les croyances. Les sectaires de la réprobation comme ceux du franc-arbitre y trouvent des armes égales. Avec cette lettre on peut haïr, on peut aussi aimer (mais non de cet amour céleste qu'elle n'enseigna jamais); on peut donner la mort et la vie ; elle est un véritable chef-d'œuvre des enfers pour jeter la confusion sur la terre: aussi le prêtre la défend-il à outrance !... Elle est le fondement de son culte ; de ces cultes absolument incompatibles avec l'amour !.....

52. Les hommes ne demandent aujourd'hui que des lois fondées sur l'amour qui les unit ; partout ils les réclament ; ils sentent la nécessité de l'ordre, de l'harmonie, ou de la civilisation ; ils ont besoin d'une éducation douce et éclairée, et on leur offre les cultes, ces ossemens desséchés qu'ils repoussent avec dégoût. La civilisation et l'éducation ou la morale sociale telle qu'elle nous

est transmise par nos pères, privée de la vérité, n'est que l'art de mentir et de dissimuler. Cependant la lettre de la morale est toujours belle; mais avec elle nous recevons de nos pères l'esprit de détours et de mensonge, et cet esprit, en corrompant notre jeunesse, nous enseigne à n'être grands et généreux qu'en apparence; il nous enseigne à ne jamais nous oublier en rien d'essentiel, en rien de réel, c'est-à-dire que, guidés par lui, nous cultivons la racine du crime et nous en dorons les fruits.

53. Cependant l'enfant de la nouvelle génération a besoin de cet amour vrai, de cet amour si rare sur la terre; il le poursuit chez sa compagne, il le demande à un ami, il le cherche partout. Les sentimens le lui présentent sous mille formes; à sa vue, il est transporté d'allégresse; mais bientôt un instinct inconnu lui fait connaître que sous les couleurs de cet amour n'existe point sa réalité. Alors il s'elance dans la carrière des combats; là, il croit trouver et l'amour et la gloire; là, tout brille d'un éclat qui lui paraît céleste! La jeune vierge, également fille de la génération nouvelle, transportée de joie, cherche un époux parmi les guerriers; sa main timide, à l'ombre du bonheur, veut, de deux feuillages, tresser une couronne; mais le myrthe et le laurier, tachés du sang d'un frère, ne sont plus les emblèmes de l'amour, ils ne sont plus ceux de la vaillance; leurs pampres, brûlés par les larmes d'une mère, n'apportent plus dans son cœur altéré de la vertu que le tableau du meurtre et de la destruction!.....

54. C'est à la lueur d'une lumière toute divine que le jeune homme apprend à connaître qu'au milieu des combats seuls se rencontrent et l'amour et la gloire. Or la guerre est l'ame des nations; elle en est la vie. Sans elle il n'y a rien de beau et de grand; sans elle il n'y a rien de magnanime, ni dans le ciel ni sur la terre! mais le monde a sa guerre; le prêtre a sa guerre, et l'enfant d'amour aussi a sa guerre!

55. Ce que nous admirons dans les combattans, c'est le guerrier qui, dans sa vaillance, brave tout pour sauver sa patrie; c'est le soldat généreux qui se précipite au milieu des dangers, pour arracher son frère à l'esclavage, au malheur, à la mort! Il serait couvert d'une gloire immortelle, ce guerrier généreux, l'amour aurait

rendu son armure toute céleste, si, en sauvant sa patrie et rendant son frère à la vie, il n'avait point trempé sa main dans le sang d'un autre frère!

56. Nous ne parlerons point de la guerre du prêtre, nous voudrions pour toujours laisser ce sectaire dans l'oubli; son armure tachée de tant de sang se couvre du symbole des mystères, un croissant, une croix, un agneau, un dragon peut-être; mais sa main est toujours armée d'un poignard!..... La bravoure de ses soldats c'est la fureur; il ne sut jamais leur inspirer d'autres feux, sa victoire, c'est le meurtre et la dévastation. Il répand indistinctement et sans pitié le sang du coupable et du juste. Une population sans défense, exterminée par ses phalanges, pour lui c'est un triomphe qu'il célèbre dans son temple et que par sa main son Dieu a toujours béni! pour lui, tout est ennemi qui n'a pas sa couleur!.....,

57. Et la guerre de l'enfant d'amour, comment en publierons-nous l'éclat? Qui, dans le monde, voudra nous comprendre? Si cet enfant était sur la terre!... Mais comment n'y serait-il pas, tout n'existe que par lui!... Si cet enfant était sur la terre, il combattrait sur la terre. Le soleil, pâlissant devant son armure étincelante, verrait son éclat et sa chaleur disparaître! Son armure consumerait tout ce qui n'est pas divin, et le sol qu'ombragerait ses bannières, le sol qu'anoblirait ses exploits, ne serait plus cette terre souillée de crimes et de forfaits; inaccessible au mal, il serait Éden lui-même, envoyé par les cieux!... Et pourtant l'épée de cet enfant, toujours brandissante, frappe aussi d'une mort certaine l'ennemi qui lui résiste; il tombe, cet ennemi, écrasé sous ses coups, dans un combat dont la renommée ne peut qu'à demi publier la vaillance. En écoutant ce que sa trompette en fait entendre, les fils des guerriers, avides du récit des exploits, tremblent à la vue du péril. Ils voient couler le sang du guerrier qui succombe, tous frémissent! chacun recule épouvanté, la mort!..... mais non, c'est l'amour qui triomphe, et au lieu de la mort c'est la vie qui paraît dans le monde!..... Loin d'être écrasé par la honte d'une défaite, c'est la victoire qui couronne le guerrier vaincu; c'est elle qui lui ouvre les portiques des régions de la gloire, où tous ensemble arrivent portés sur les ailes de l'amour.

3

58. Semblable à une aurore naissante, le ciel, dont nous retraçons quelques ombres légères, est descendu au sein même de la France pendant les trois jours de sa gloire. Alors l'abîme pour un instant s'est roulé ; ses furies, dans ses antres, sont demeurées impuissantes : l'amour avait déployé ses étendards. Des guerriers sans armes présentaient leur sein découvert aux soldats du trône et de l'autel ; le pauvre, revêtu de la glorieuse livrée de la misère, ouvrait des bras flétris par les fers... Frères !... était le nom qu'ils donnaient à ces soldats farouches, et pour réponse ils recevaient la mort !... Alors les enfans des guerriers, à la vue de leurs pères et de leurs sœurs étendus sur la poussière, animés d'une ardeur nouvelle, lèvent leurs lances acérées ; partout elle étincelle ; ils frappent aux cris de liberté ! C'est pour le salut de la patrie, c'est pour briser leurs chaînes que leur bras s'est armé, et le trône et l'autel tombent sous leurs coups. La victoire place sur leur front sa couronne immortelle, et ces enfans glorieux proclament le règne de la génération naissante !... Mais non ! un cri timide en France se fait entendre : Guerrier, suspends tes coups, le trône et l'autel doivent encore régner sur nous. Alors le chant sinistre et monotone de l'oiseau des augures se fait entendre ; l'artisan humblement retourne à ses travaux ; les fils des Français oublient qu'ils sont vainqueurs ; un sentiment seul les occupe : le salut de la France !

59. Alors du triomphe des enfans de la France, ces jeunes guerriers avaient pour but de rappeler sur elle les bienfaits de la première révolution, en éloignant les désordres qui l'ont accompagnée ; mais n'a-t-il pas été éludé ce but sacré ! Et l'on s'étonne que l'orage gronde encore ! on s'étonne que la foudre soit prête à éclater !... Cependant le pouvoir des prêtres est repoussé dans leur cercle ténébreux ; les *rétrogrades* aux abois ne respirent que par le crime qu'ils méditent, et cette vieille génération, lâche et dégradée, expire en tremblant à la vue de l'avenir, parce que son avenir c'est l'enfer !... La victoire des trois jours fut complète, et pourtant on ose la traiter comme une défaite ! Les stationnaires, retranchés dans le *juste milieu*, sans faire preuve de talent font preuve d'égoïsme ; revêtus d'un pouvoir dont ils se sont emparés, ils entravent tout, même leur chef, qui, ami de la lumière, vou-

drait lui laisser un libre cours; mais ce sont les enfans de la France qui ont été vainqueurs, et la France réclame les trophées de leur victoire!...

60. Les trois jours de gloire sont marqués d'un caractère que les peuples sentent et qu'ils ne peuvent définir. Il n'y a point eu là ces armées immenses et ce talent militaire que les annales de l'histoire semblent fières de nous retracer; mais il y avait plus: le doigt de Dieu guidait des enfans de victoire en victoire; sur leurs bannières flottantes paraissait avec éclat le génie de l'amour répandant la coupe embrasée de ses feux sur la terre. Au milieu de la grande cité, et, témoins de tant de gloire, nous avons entendu le cri des guerriers généreux: « Ami, suspends tes coups; nous n'apportons point la mort dans le monde, nous ne changeons point notre sang contre l'or, nous apportons la vie, la paix et le bonheur pour tous. » Oh! si l'Europe tout entière est dans l'admiration de ces journées mémorables, c'est que la générosité et l'amour n'ont jamais brillé avec autant d'éclat dans le monde!...

61. Lorsque l'amour descend des cieux pour embellir la terre, ce ne sont point les riches et les grands, les philosophes et les prêtres qui lui donnent asile; le publicain, l'artisan et la femme humiliée seuls lui ouvrent leur cœur!... Ce sont de pauvres pêcheurs qui l'ont retenu dans les chaumières, lorsque les grands et les rois l'ont chassé de leur palais, lorsque les prêtres l'ont banni de leurs sanctuaires. Peuples, consultez l'histoire, la nature, tout, et vous reconnaîtrez le témoignage rendu de la mission divine de celui que le trône et l'autel ont frappé de mort. Le Rédempteur, homme comme nous, qui nous délivre de même que nous sommes appelés à délivrer nos frères, le Christ enfin, semblable à un nouveau soleil, brille aujourd'hui au milieu de nous; il proclame l'*égalité*, il brise les fers de l'esclave, il élève le pauvre que le puissant opprime, il rend à la femme le rang qu'elle doit occuper; il déclare à l'univers étonné que le titre le plus beau, que l'état qui glorifie davantage l'homme c'est d'être le *serviteur* de ses frères. Il déclare enfin que le vrai Dieu ne s'adore que par l'amour, et jamais dans un temple ou par d'absurdes prières et de ridicules cérémonies. Et c'est lui que de vils imposteurs osent prendre pour chef de leur

culte! Ils savent, il est vrai, ces prêtres hypocrites, qu'ayant détruit l'esprit, la lettre ne peut communiquer ni la vie ni la vérité, et leur souverain pontife, pour consommer l'imposture, se nomme lui-même le serviteur des serviteurs, lui qui veut avoir les rois pour esclaves! Les prêtres, faisant en tout le contraire du messager céleste, multiplient leurs temples idolâtres; leur langue est armée de la vertu, mais ils n'ont que le crime dans le cœur! C'est ce que prouvent leurs fruits; tout, jusqu'à leurs œuvres les plus saintes, chez eux est souillé comme des draps impurs, selon la sentence du Sage; il n'y a pas jusqu'à leur aumône, qu'ils nomment charité, qui ne produise un abominable fruit : celui qui est assez malheureux pour la recevoir est écrasé sous le poids de l'opprobre et de l'ignominie. Et voilà le pauvre que par ironie le prêtre ose nommer son frère!

62. Si le riche, au lieu de mépriser le pauvre, l'associait à ses travaux, s'il était fier de le voir à ses côtés, de combien de succès et de gloire ne serait-il pas couvert! La puissance de l'artisan, du pauvre enfin est inconnue; elle n'a jamais été appréciée; ses larmes, ses pénibles efforts, les sueurs qu'il répand, tout en lui enchaîne les furies de l'abîme qui nous menace. C'est par lui que l'abondance arrive dans nos domaines; c'est lui qui exécute ce que le génie du savant a conçu; c'est lui qui donne aux riches leurs richesses, aux rois leur pouvoir!... Sans lui, où seraient nos monumens, nos citadelles, nos palais, nos sciences mêmes et nos arts? sans lui où seraient nos guerriers?...

63. Le pauvre, par ses souffrances, arrive jusqu'au ciel; il attire sur les peuples un torrent de bénédictions; seul sur la terre il a donné asile au Rédempteur, identique par ses souffrances avec le Dieu-Homme il est, comme lui, le Sauveur du monde!... Sans lui l'envoyé du Très-Haut n'aurait pu arriver jusqu'à nous; le cœur du riche lui était fermé; le prêtre n'avait que la mort à lui offrir...! C'est lui qui nous a transmis la morale d'amour, c'est lui qui lui a fait franchir les siècles à travers les ténèbres et la barbarie. Si quelques bienfaits nous arrivent encore des cieux, c'est par lui qu'ils nous sont prodigués; il est notre intermédiaire entre nous et la Divinité; mais il est aussi l'instrument terrible qui, exerçant sa

puissance hors des limites de l'amour, sert à châtier les nations, les rois, et souvent même à les anéantir.

64. Les peuples en masse jugent toujours avec justesse. Le témoignage qu'ils portent est tout auguste. Ils sont la voix de Dieu, proclamant la vérité; et les peuples, en repoussant les cultes, demandent la lumière que le prêtre leur a ravi; ils demandent les bienfaits du Rédempteur! Tout en eux réclame le royaume de Dieu qui nous a été promis! Or nous avons entendu le cri des peuples depuis les exploits des trois jours de gloire, depuis ces trois jours de prodiges, et nous pourions dire de miracles; car là tout était marqué du sceau de la puissance divine. Les tombeaux des guerriers morts dans ces champs de victoire n'étaient point encore recouverts, que déjà nous parcourions les contrées de l'est à l'ouest de la France. La renommée, par la bouche des peuples, ne répétait le chant des combats que pour doubler la gloire des guerriers. Ce n'étaient plus les hauts faits d'un étranger dont on veut abaisser le mérite, c'était la vaillance d'un ami dans lequel on veut trouver un héros. Des bords de la Baltique à ceux de l'Adriatique, nous avons entendu le passif Germain répéter en soupirant: « Pourquoi n'étais-je pas dans ces champs de la gloire? pourquoi n'en ai-je point partagé les dangers? » Et chacun redisait: Sparte, Lacédémone et Rome, tout a été éclipsé! A l'Ouest le même cri se faisait entendre; Albion, l'orgueilleuse Albion réclamait la France pour sa sœur; là les échos murmuraient: Il n'y a plus de nations, tous les hommes sont frères. L'orateur à la tribune, dans son enthousiasme, répétait: La révolution de la France est celle de l'Europe tout entière!...

65. Le monde a ses âges et ses périodes. Nous commençons une nouvelle ère: cette ère datera des trois jours de gloire. Depuis de nombreux siècles il existe une lutte violente entre les cultes et la civilisation, entre le despotisme et la liberté, entre les rois usurpateurs enfin et les peuples qui veulent se donner des lois et non point en recevoir. La question vient d'être décidée: les peuples sont déclarés *souverains* par la toute-puissance, et les cultes, avec leur série d'impostures, condamnés à rentrer dans l'abîme. Les cultes appartiennent à la génération passée; ils ne doi-

vent point pénétrer dans les siècles à venir. Les nations n'ont besoin que d'une douce civilisation et de lois qui les conduisent à l'amour, qui inspirent aux hommes ce dévouement céleste, en leur faisant mettre tout leur bonheur dans celui de leurs semblables.

66. En remontant à la source des grandes catastrophes et des grands crimes, en remontant à la cause de la ruine des nations, ce sont toujours les cultes qui se présentent à nous. Ce sont eux qui ont entraîné la savante Égypte dans la plus affreuse dégradation ; ce sont eux qui ont moissonné mille nations avant elle. En parcourant l'Abyssinie, l'Éthiopie, et les divers points de la terre où quelques ruines célèbres attestent que les sciences et les arts y avaient été cultivés, tout semble nous dire : C'est sous les débris de ces temples, c'est dans la poussière de ces tombeaux qu'ont disparu des nations qui, florissant sous les lois d'une douce civilisation, devinrent ignorantes et barbares sous celles des cultes. Tout semble nous dire : Le prêtre a toujours dépouillé le peuple de sa science, de son or et de sa puissance ; devant lui se sont écroulés les citadelles des guerriers et les palais des rois ; sur leur ruine il a su élever ces temples superbes et ces tombeaux où sont enterrées les nations qu'il a fait disparaître par ses cultes, dans les ténèbres et dans la barbarie.

67. Ce sont les cultes qui ont changé la Grèce, ce pays des grands hommes et des guerriers, en un repaire d'esclaves. Athènes, la brillante Athènes, fut la première qui porta un coup mortel à cette région florissante en mettant à mort le sage Socrate. Athènes, oubliant un instant sa grandeur, plia sous le joug des cultes ; elle écouta ses prêtres, et la sentence qui l'a couverte de honte fut prononcée ! Quoi ! au centre même de la civilisation, les ténèbres descendent sur l'Aréopage, et l'aveuglement des juges est tel qu'ils punissent un bienfait comme un crime ; ils frappent comme un malfaiteur celui qui leur démontre que toutes les divinités adorées dans leurs temples ne sont que des idoles impuissantes ! Cette victoire obtenue par les prêtres eût déterminé à l'instant même la décadence de la Grèce, si les Athéniens, touchés de repentir, n'eussent, en élevant une statue à leur victime, suspendu la sentence qui les livrait à la puissance des ténèbres. Alors la civilisation, les sciences et les arts brillèrent encore avec éclat, jusqu'à ce que les

prêtres, obtenant de nouveaux succès, parvinrent à plonger la Grèce dans l'état de barbarie où nous la voyons s'éteindre, malgré les derniers efforts de ses guerriers.

68. Si l'Égypte, la Grèce, et tant d'autres contrées superbes qui ont disparu sous la faux inexorable des cultes, ne suffisent point pour nous éclairer; si les débris des monumens de ces malheureuses régions ne nous parlent point avec assez d'éloquence, jetons les yeux sur cette fameuse cité, l'ancienne reine du monde! Rome, au temps de sa gloire, ne recevait ses lois que de ses philosophes et de ses guerriers. Cette ville superbe étendait partout les limites de son empire; mais bientôt les guerriers se divisent, les philosophes abandonnent leurs vertus austères; les empereurs, écoutant de misérables augures, enrichissent leurs temples, honorent leurs autels; pleins d'orgueil, ils se placent eux-mêmes au rang des dieux, et bientôt le culte le plus ridicule les humilie, les écrase sous son joug. Alors le gouvernail ne sent plus qu'une main impuissante; le prêtre s'en empare, et Rome, la gloire de la terre, n'a plus sous son empire que la honte et le mépris en partage.

69. Cependant Rome déchue se rappelle de son ancienne puissance; elle veut, par le fanatisme, dicter encore des lois au monde tout entier. Pendant trop de siècles elle intimide les esprits faibles, les femmes et les vieillards, et le plus dégradant de tous les cultes étend au loin ses pampres dégoûtans; devant ce culte tous les sentimens disparaissent; la civilisation comprimée n'est plus qu'un vain fantôme; devant ce culte, les hommes, pour être grands et sages, doivent être lâches et mercenaires; et ce culte ridicule, pour ajouter le blasphème au crime, ne présente qu'un Dieu dont il faut craindre les fureurs, ou qu'il faut adorer selon des rites, pour obtenir de lui une éternité de bonheur! Mais bientôt cette ville orgueilleuse, écrasée sous le poids de ses idoles, tombe dans la plus abjecte dégradation; elle voit ses foudres s'éteindre sur le seuil du Vatican; elle voit sa puissance s'évanouir comme ces noires vapeurs que dissipent les premiers rayons de l'aurore!...

70. Partout où les cultes dictent exclusivement leurs lois tout est enfoui dans les ténèbres, tout n'est qu'un foyer de désordre, d'impiété et de carnage. O Espagne! malheureuse Espagne! que

dis-tu à l'Europe qui ne te contemple qu'en versant des larmes sur l'état dégradé dans lequel te réduisent tes moines ténébreux et farouches? Que leur apprendrais-tu de l'état de barbarie qui t'envahirait infailliblement, si un noyau d'hommes instruits, et plus ou moins libres du joug honteux qui t'écrase, ne balançait la funeste influence de tes prêtres? Tes campagnes reculées, asile inaccessible à la civilisation, par cela seul qu'un culte fanatique et impie y dicte exclusivement ses lois, ne font-elles point assez connaître que tes contrées superbes, dignes d'un meilleur sort, en tombant tout entières sous le joug du sacerdoce, ne seraient bientôt plus que le repaire de tous les crimes? Tes villes alors, étrangères à la civilisation, à l'industrie, ne recevraient dans leurs murs que des hordes de voleurs et d'assassins; tes ports de mer, inaccessibles au commerce, ne recevraient plus dans leur enceinte que le navire du forban!

71. L'Italie, cette première région de la terre lorsque Rome n'obéissait qu'à des guerriers, et la dernière depuis que cette ville dégradée n'obéit qu'à des prêtres, l'Italie est en tout dans la même hypothèse que l'Espagne. Ces deux pays, qui semblent destinés à être les flambeaux de l'Europe, ne sont plus, sous le joug des cultes, que des cloaques ténébreux. Cependant, là, tout annonce que la civilisation comprimée n'est point éteinte, car des villes florissantes renferment encore des hommes dont les nations voisines auraient à s'énorgueillir. Souvent, de ces centres de civilisation, s'élèvent des étincelles de lumière d'autant plus éclatantes que les ténèbres qui les environnent sont plus épaisses! C'est à la vue de ces feux que le prêtre, épouvanté, recule d'effroi; il semble abandonner les villes où la lumière menace d'engloutir son noir élément; il est repoussé de partout où la civilisation s'élève, et les peuples voient tomber leurs fers!... Mais non! pour fuir la lumière qu'il ne peut voir en face, ce monstre est loin de s'avouer vaincu: il a su se ménager une retraite! C'est dans la maison du riche, c'est dans le palais du puissant où il a su concentrer ses noires ténèbres; là il respire à son aise, là il trouve un marche-pied qui le conduit au trône, où des ténèbres plus épaisses encore lui offrent un asile, elles protègent les crimes qui partout l'accompagnent.

72. Les trônes d'Italie, d'Espagne et de Portugal, où d'abord l'œil se porte pour y voir l'étendard déployé du monstrueux fanatisme, ne sont pas les seuls qui croupissent à son ombre lugubre. Tous les trônes de la terre lui sont plus ou moins assujettis. Celui d'Angleterre lui-même, qui semble plus libre de ce joug, paie à la superstition le plus honteux des tribus ; il écrase son commerce, son agriculture ; il dépouille de malheureux artisans pour enrichir de somptueux évêques, pour nourrir avec faste d'hypocrites pasteurs qui, de même que les prêtres catholiques, promettent tacitement, en retour de l'or et des honneurs dont ils sont comblés, d'écraser les peuples sous les lois d'un culte démoralisateur, de les aveugler au point de leur faire recevoir avec joie les fers de l'esclave ; et l'Anglais orgueilleux, rampant sous une vaine aristocratie, esclave d'un roi-prêtre, vante avec enthousiasme sa prétendue liberté ; sectaire d'un culte ridicule, il se considère comme le peuple le plus éclairé dans le monde.

73. L'Europe n'est point la seule région qui nous offre un aussi triste tableau : l'Asie, l'Afrique et l'Amérique sont, partout où les cultes dominent, dans un état d'autant plus barbare que le prêtre y dicte plus exclusivement ses lois. Les vastes contrées d'Occident, peuplées naguère par des hommes simples, francs et hospitaliers, aujourd'hui sous le joug d'un culte corrupteur, ne comptent plus que des hordes d'assassins qui ne quittent l'autel que pour courir au crime [1]. Ici comme en Espagne, où le moine a tout démoralisé, ce sont de tels hommes, dignes prosélytes de leur prétendu christianisme, qui fournissent les soldats de la foi, ces soutiens du trône et de l'autel.

74. Les nations de la plus haute antiquité, ainsi que les plus modernes, toutes nous prouvent qu'elles n'ont eu de gloire et de splendeur qu'en raison de leur affranchissement des cultes ; toutes nous prouvent que, libre du joug des prêtres, un peuple, quelle que soit sa population ou l'étendue de son territoire, peut commander au monde entier : Rome et Lacédémone en ont fourni

(1) Nous ne rapportons rien sur l'Espagne que nous n'ayons vu nous-même, ayant habité ses régions pendant de longues années, tant en Europe qu'en Amérique. Il en est de même à l'égard de l'Angleterre, de l'Allemagne et de l'Italie.

l'exemple! Aujourd'hui la France et la Belgique frappent l'autel, et l'Europe tout entière se range sous leurs drapeaux ; mais ces puissances, à l'instant où elles se couvrent de gloire, font un pas rétrograde; elles retiennent leur bras exterminateur, elles font des concessions au sacerdoce, et l'infernale alliance des rois relève sa tête abattue; elle menace de confondre tout ce qui s'oppose au règne des cultes et de la tyrannie...

75. Peuples! contemplez la génération naissante qui surgit dans votre sein; c'est elle qui brise vos chaînes. Son bras est armé pour exterminer tous vos cultes impies : il frappe, et cette nuée de tyrans et d'imposteurs expire à vos pieds. Ce n'est point une torche incendiaire, ce n'est point le fer du meurtre que nous évoquons contre ces ennemis redoutables; laissons-leur ces armes, elles sont à eux : ils n'ont jamais su en employer d'autres; et qui emploie les mêmes armes est également méchant. C'est du ciel que reçoivent leur armure les enfans de la lumière! ceux-ci ne rendent point le mal pour le mal; ils savent donner la vie pour la mort. Seuls ils ont compris la marche progressive des nations; aujourd'hui ils soupirent pour l'abolition de la peine de mort, demain ils la commanderont. Ce supplice, loin d'enchaîner le crime, l'engendre; la vengeance appelle la vengeance; la mort est toujours un cri de mort! Oui, tout gouvernement identique avec son peuple abolira la peine de mort, et les trônes auxquels il faut du sang disparaîtront aussitôt. Il proclamera la liberté et le progrès de la lumière, et le prêtre recevra un coup mortel, parce que, fils de l'esclavage, il ne subsiste pas hors de son ténébreux élément.

76. L'Éternel lui-même a réprouvé la peine de mort en marquant d'un sceau le meurtrier d'Abel; le messager céleste, en apportant l'amour dans le monde, déclare que la justice ne demande point la mort du coupable, mais bien qu'il se convertisse. Le prêtre seul sanctionne ce supplice; il le sanctionne, parce qu'il est en parfaite harmonie avec son culte, qui punit une faute, une erreur, d'une peine éternelle, qui condamne l'innocent même à brûler sans cesse, lorsqu'avant d'être né, et sans avoir fait aucun mal, il est compté parmi les réprouvés!

77. Lorsqu'à la fin du dix-huitième siècle la France brisa le

sceptre de ses oppresseurs, elle repoussa de son sein un culte abominable, et les nations furent éblouies de sa gloire; l'Europe tout entière plia sous sa puissance! Tu donnas l'exemple, ô France! contrée généreuse! et les peuples, enchaînés par les tyrans, aveuglés par les prêtres, se sont ligués contre toi; mais ils n'auraient fait, ces peuples malheureux, qu'assurer ton triomphe et consolider ta victoire, si, en repoussant des prêtres imposteurs, tu n'avais point confondu, avec leur esprit infernal, la morale sainte qu'ils n'ont prêchée pendant tant de siècles que pour lui jeter le manteau du ridicule et t'en dérober la beauté. Tu as chassé l'agneau avec le loup, et l'anarchie t'a frappée de sa hache destructive. Cette furie infernale a excité le feu; elle a levé le fer du meurtre sous lequel doivent périr tous ceux qui, en secouant le joug hideux des cultes et du despotisme, ne marchent point guidés par le céleste amour.

78. Certainement la France, en repoussant ses oppresseurs, n'aurait point cessé d'être toute éclatante de gloire si ses enfans eussent été animés par l'amour. Loin de s'être souillée du meurtre de son roi, elle eût, au contraire, couvert son trône de gloire; l'anarchie n'eût point moissonné ses premiers citoyens; ses guerriers divisés ne l'eussent point livrée au despote conquérant, à ce tyran ambitieux qui cachait, sous le casque d'un soldat, l'esprit du sacerdoce! Or cet esprit monta avec lui sur le trône; au potentat superstitieux il fallut l'appui des prêtres, cet appui qui ne soutient, qui n'élève que pour précipiter plus bas les lâches qui, comptant sur d'aussi méprisables satellites, sont assez vils pour les salarier et les combler d'honneurs.

79. Quoi! la France est de nouveau ramenée sous le joug des cultes, et c'est un guerrier qui la livre! c'est un guerrier qui la replace sous la puissance d'un pontife étranger, en signant ce concordat qui le couvre de honte! Peuples, lisez l'histoire: le désastre de toute une nation, là, est encore dû au triomphe des prêtres; ils envahissent le trône, et le guerrier qui l'occupe devient étranger à la gloire; il marche de défaite en défaite; son front, flétri par des bassesses, ne peut plus recevoir de lauriers; il n'ose y placer la tiare, mais il la réserve aux siens. Étranger à la vraie

noblesse, et pour en trouver une qui sympathise avec son ame avilie, il unit son sang à celui des despotes. Pour contracter cette union il consomme le crime en sacrifiant la femme généreuse à laquelle il devait sa couronne, sa gloire, tout, et il épouse l'une des filles de ces anciennes dynasties dégradées par tant de forfaits, justement accablées de tant de mépris.

80. Le culte, protégé par un prince fanatique, acquit une nouvelle puissance. Quelques-uns des guerriers de ce chef avili trahirent celui qui avait lui-même trahi ses plus sacrés sermens; et la France fut livrée aux prêtres et à une dynastie qui ne pouvait que la couvrir de honte. Mais la France avait été lancée comme un torrent dans une carrière de gloire, elle ne put voir en un instant autant d'éclat s'obscurcir; elle plia sous la puissance qui l'opprimait!..... Semblable à l'océan qui, sans recevoir de joug fléchit devant le rocher qui l'arrête, roulant toujours ses eaux avec majesté, elle ne cessa point de jeter de nouveaux feux. Agitée par l'orage, elle imita la vague en furie, lorsque brisée par la tempête elle brille avec d'autant plus d'éclat que les ténèbres l'entourent d'une plus profonde obscurité. Vaincue, la France était encore la terreur de ses vainqueurs. Ses ennemis, en couvrant ses contrées de leurs phalanges mercenaires, connaissaient l'impuissance de leurs armes; ils savaient qu'ils n'avaient vaincu la France que par la France, ils savaient qu'ils n'auraient jamais souillé son sol si des traîtres ne le leur eussent livré!.....

81. Mais la France glorieuse dans la France asservie n'existait plus; elle n'était plus pour le despote que lui imposa le fer de l'étranger. Ses phalanges en silence brûlèrent et leurs insignes et leurs lauriers dans la crainte d'en voir ternir l'éclat par le joug honteux qui pesait sur la patrie. Nombre de ses guerriers tombèrent sous un fer assassin; d'autres, forcés d'abandonner les champs qu'ils avaient couverts de tant de gloire, fuient dans les régions éloignées. Cependant les esclaves du prêtre veulent prouver qu'ils ne sont point dépourvus de vaillance. Ils prennent la fureur qui les anime pour le courage des guerriers. Ils rallient les débris des phalanges dispersées qui ont encore la mémoire de leurs victoires. Avec ces tristes restes ils veulent tenter des conquêtes; ce n'est

point le génie des combats qui les presse, satellites de l'infernale alliance, ils obéissent à leur maître! leur marche est semblable à celle des enfans de la folie. D'un côté, c'est pour délivrer la Grèce opprimée que leurs armées traversent les mers. En guerriers prudens, ils ont soin qu'elles arrivent quand les ennemis n'y sont plus. De l'autre, c'est pour donner des fers à l'Espagne libre, qu'elles franchissent les Pyrénées; toujours guidées par la prudence, ils achètent la victoire; la trahison les précède; ils sont suivis par la honte!..... Ailleurs enfin, c'est pour venger l'honneur de la couronne attaquée par un pirate africain, qu'ils épuisent les trésors de la France; essentiellement lâches et pour prévenir la honte d'une défaite, ils semblent vouloir armer tous les Français; là, comme en Espagne, c'est un chef couvert d'opprobre qui commande les armées, et si la flotte n'a point pour amiral un traître, c'est qu'un troisième en France ne pouvait être trouvé.

82. Cependant les soldats de la France partout brûlaient de leur antique ardeur; le souvenir de leurs exploits n'était point effacé. Ils courraient au combat, ils cherchaient les périls; mais une puissance inconnue, les suivant dans leurs rangs, rendait leurs étendards étrangers aux lauriers; elle rendait inutile la valeur du guerrier!..... Hélas! le soldat Français avait déjà éprouvé l'effet de ce funeste pouvoir; l'empire des cultes! lorsque sur le mont Saint-Jean il arrêta son bras prêt à saisir la victoire, livrant à un ennemi plus heureux l'arbre qui fournit ses pampres pour couronner les vainqueurs; cet arbre dont le feuillage ne peut point ombrager des fronts pliés sous le joug d'un culte incompatible avec l'honneur, incompatible avec la gloire!.....

83. Or demandons à l'histoire si, dans le détroit des Thermopiles, les prêtres présidaient au conseil des guerriers qui sauvèrent leur patrie en se couvrant d'une gloire immortelle; tournons ses dernières pages, et elle nous dira, cette histoire, si ces mêmes prêtres étaient comptés dans les rangs de nos soldats républicains, lorsqu'ils placèrent les limites de leur empire au centre même des régions qu'opprimaient les tyrans. Les lauriers craignent la flétrissure; nous les voyons disparaître du front des guerriers les plus valeureux, lorsqu'oubliant leur gloire ils deviennent assez lâches

pour réclamer le conseil ou l'appui d'un prêtre imposteur. Alexandre, ce Grec illustre, de même que le conquérant français, au milieu de ses victoires, ouvre sou cœur à la superstition, il s'avilit en consultant de misérables augures; il s'avilit par des bassesses, et les lauriers qui ombrageaient sa tête vont couronner ses généraux qui, fidèles à l'honneur, jouissent en paix du fruit de ses conquêtes, tandis que le héros déchu descend tristement dans la tombe, où le conduit cette mort obscure et précoce réservée à tous les rois, à tous les hommes assez aveugles et assez lâches pour réclamer l'appui des cultes, de ces cultes étrangers à l'honneur, à la lumière et à la vérité. Or l'usurpateur de la France a reçu toute sa gloire des guerriers créés par un système républicain, créés par cette république dont lui-même était le fils; il a frappé ce système, foyer des grands hommes, et les grands hommes ont disparu; son trône, brillant d'une gloire étrangère, n'a pu en produire de nouveaux; alors, lui, sa gloire et ses lauriers, tout a disparu.

84. La France toujours se présente à l'Europe qui la contemple avec une attitude remarquable. Ici, ce sont les efforts qu'un peuple belliqueux fait pour pénétrer dans les régions de la lumière; là, ce sont les combats que lui livrent les satellites du trône et de l'autel, pour l'enchaîner dans les ténèbres. Celui qui, éclairé d'en haut, sait lire à travers les voiles que répand l'enfer pour nous dérober la vue des fleurs célestes qui naissent sur la terre comme les avant-coureurs du règne de l'amour, celui-là reconnaîtra à travers l'anarchie épouvantable qui a souillé notre première révolution que jamais, comme alors, la vertu n'avait brillé avec autant d'éclat. La France libre de ses cultes, la France, en s'éloignant de ces foyer du mensonge, a étonné l'univers par le dévouement de ses habitans, par le courage et la vertu de ces guerriers. Ses soldats invincibles partout assuraient le triomphe de la liberté, leurs bannières flottaient sur les ruines des trônes et sur les débris des temples. Mais le sommeil des peuples était encore trop profond pour qu'ils pussent s'éveiller à la lumière!..... Plusieurs nations, au contraire, se levèrent en faveur des ténèbres et un voile lugubre se répandit sur l'Europe tout entière!..... Aujourd'hui la France s'éveille de nouveau; si elle repousse de son sein le germe de sa

défaite, si elle repousse ce culte qui l'a si long-temps asservie, elle reprendra son rang à la tête des nations ; elle retrouvera tout l'éclat d'une grandeur d'autant plus brillante qu'elle a été plus long-temps éclipsée. Tous les peuples, les yeux fixés sur elle, semblent lui demander leur délivrance et leur bonheur !.....

TROISIÈME PARTIE.

LA LUMIÈRE BRILLE, ET TOUS LES DIEUX ADORÉS SUR LA TERRE SONT RECONNUS SOUS SES FEUX POUR APPARTENIR AUX ENFERS. AIMER DIEU, C'EST AIMER SOI-MÊME, C'EST FÉCONDER LA RACINE DE TOUS LES MAUX. AIMER SES FRÈRES, S'OUBLIER POUR EUX, SEUL EST LA PORTE DU CIEL, SEUL EST LA SOURCE DU PEU DE BIEN QUI EMBELLIT LA TERRE.

Le Jour.

85. Génération naissante, salue le soleil dont les feux éclatans se lèvent sur ta tête! salue la main puissante qui brise les chaînes de l'esclave! salue l'amour céleste qui t'anime de ses feux, le ciel lui-même inspire tes guerriers; c'est lui qui les conduit de victoire en victoire; c'est lui qui en rendant leur lance invincible a gravé sur son fer ces mots sacrés : *Liberté, égalité, souveraineté des peuples!.....*

86. Les fils de la lumière ont déployé leurs bannières immortelles; ils marchent, guidés par le génie de l'amour, par ce génie descendu des régions célestes pour répandre sa coupe embrasée sur la terre; et les ténèbres ne sont plus! Le despotisme, l'anarchie et les cultes, demeurés sans élémens, en expirant sur la poussière, indiquent, par leurs derniers efforts, qu'ils sont à leur dernier soupir.

87. Le céleste soleil, dont le cours a été suspendu pendant tant de siècles, n'a point encore déployé son disque, et déjà les peuples aperçoivent le joug qui les humilie, ils demandent la destruction de l'esclavage; mais chacun voit cet esclavage où son œil ébloui le lui indique. Le philosophe égaré, le fanatique aveugle, ne voient que les fers qui pèsent sur le noir Africain. Celui qui marche à la tête de la civilisation voit ceux que forgent les gouvernemens despotiques; il voit, en rougissant, nos cultes ridicules, nos institutions barbares, et il demande une réforme générale; il croit avoir découvert la cause de tous nos maux et pourtant il n'a point

signalé l'esclavage le plus funeste ; il n'a point frappé la grande racine du système désastreux qui régit tous les peuples. Quoi ! homme aveugle, tu ne vois pas les chaînes pesantes qui écrasent ta compagne ! La *femme* est esclave, et tu penses à briser d'autres fers ! Tu es son bourreau et tu cherches les tyrans !.....

88. Nos mœurs et nos lois sont tellement barbares que la femme, partout, ne peut occuper que le rang de l'esclave : c'est ce que l'homme né despote est lent à reconnaître, c'est ce que la femme, écrasée pendant tant de siècles d'oppression, contemple, sans se plaindre ; ayant perdu, sinon le sentiment de sa noblesse, du moins tout espoir d'un avenir plus heureux. Mais le nouveau soleil brille, et les fers de l'esclave, usés par de pénibles travaux, réfléchissent ses rayons ; la femme, en rougissant, apperçoit ses flétrissures, et l'homme, éclairé par les mêmes feux, honteux d'avoir abusé d'un pouvoir que le ciel ne lui a donné que pour élever celle qu'il aime, proclame le triomphe de la fille de la liberté.

89. C'est en raison du progrès des peuples que la femme, recouvrant ses droits, arrive à la hauteur de l'homme. Dans les régions sous le joug exclusif des cultes et régies par des lois barbares, la femme est réduite au dessous de l'esclave. Dégradée, avilie, elle est traitée comme un être impur ; un prêtre hypocrite ose nous défendre de la regarder en face ; la vertu pour lui, c'est de la fuir comme devant corrompre nos mœurs ; elle que le ciel nous a donné pour les adoucir !..... Le Christ, sur la terre, la chérissait avec tendresse, il n'a point eu de plus fidèle disciple et de meilleure amie ! Comme lui, les enfans de la nouvelle génération élèvent la femme au rang qu'elle est digne d'occuper, ils veulent la voir avec eux sur le fauteuil des juges, dans l'assemblée du législateur ou sous les drapeaux des guerriers, sur le trône enfin si elle est jugée capable d'en soutenir l'éclat.

90. La femme étant privée de ses droits, toutes nos institutions sont imparfaites ; les sciences et les arts languissent ; le corps social sans ailes croupit enfoncé dans la fange, ou retourne entraîné par les cultes dans la plus honteuse barbarie. Elle est réintégrée et le ciel lui-même répand dans nos régions ses plus précieux trésors, Éden paraît de nouveau sur la terre !..... Les femmes

jouissent en tout de la même capacité que l'homme, et même elles sont susceptibles d'un plus grand développement et dans le bien et dans le mal. Nous ne parlerons point de celles que le crime a rendues célèbres : les hommes n'ont-ils pas à rougir d'une foule de monstres qui les ont déshonorées. Lorsque d'un coup d'œil rapide nous parcourons l'histoire, nous voyons la reine de Saba rivaliser en sagesse avec Salomon, pour lequel aucun mystère n'était caché, et dont la science s'étendait depuis l'humble hysope jusqu'au cèdre altier. Qui mieux que Sémiramis et Zénobie surent porter une couronne? Qui a laissé de plus précieux souvenirs qu'Élisabeth d'Angleterre? N'est-ce pas au sceptre d'une femme que la Russie doit la plus grande partie de sa gloire?....

91. Lorsque la lumière, pour éclairer le monde, descendit du ciel, où trouva-t-elle un œil ouvert pour la recevoir? Le prêtre, à sa vue, recule épouvanté; le despote frappe de mort la génération naissante; le docteur demeure dans les ténèbres; une femme seule comprend que tous les temples sont impies, tous les autels sacriléges; seule elle comprend l'adoration en esprit et en vérité, ou par le seul amour de nos frères.

92. Lorsque l'amour, pour animer tout de ses feux, s'adresse à tous, c'est une femme qui la première lui donne l'entrée de son cœur. Seule, elle n'abandonne point celui qu'elle aime; elle le suit jusqu'au lieu du supplice; la première elle descend dans sa tombe; tout lui est facile; elle semble nous dire, en levant la pierre : La lumière est immortelle; mais l'amour seul peut, en brisant la matière qui la recouvre, la rendre au monde auquel le trône et l'autel l'ont ravie!.....

93. Après de nombreux siècles de barbarie, la lumière et l'amour brillèrent encore de leur céleste éclat dans nos régions malheureuses. Alors la cour de Rome, effrayée, dirige ses anathèmes contre le seul évêque peut-être dont la France ait à s'énorgueillir; Mais une nuée ténébreuse protégea Fénélon, et les foudres du Vatican, en frappant ailleurs, nous indiquent que c'est encore une femme qui avait animé le cœur du prélat de cet amour divin qu'il inspire à tous ceux qui savent et le lire et l'entendre.

94. Heureuse la nation qui rendra à la femme la dignité qu'elle

doit avoir ! Heureuse celle qui protégera le pauvre et glorifiera l'artisan ! Portée sur des ailes rapides, une telle nation franchira d'un vol hardi la barrière qui sépare les siècles de lumière des siècles de barbarie. Les peuples de la terre, fiers de l'imiter, se rangeront sous ses étendarts. Tout sera régénéré, tout se montrera sous un nouvel aspect. En vain le prêtre, furibond sur ses autels, aiguisera ses poignards ; en vain les tyrans assembleront leurs phalanges mercenaires, le méchant ne pourra frapper que le méchant, les armées de satan écraseront les armées de satan. La femme libre rappellera l'amour céleste dans le monde, et devant lui disparaîtront et le fanatisme et la tyrannie !

95. Le prêtre ne redoute rien autant que l'amour, s'il prêche la charité du bout des lèvres, ce n'est que pour l'anéantir dans tous les cœurs ; il a voulu présider à nos unions, pour que rien de céleste ne parût sur la terre. Sous le nom de sacrement il a institué le joug le plus honteux ; la race humaine est écrasée sous ce joug dont elle aperçoit d'autant moins la pesanteur, qu'humiliée, dégradée, elle n'a plus le sentiment du beau et du magnanime ; elle ne connaît plus la sublimité de cet amour, qui de deux êtres libres n'en fait qu'un ; de cet amour étranger à l'esclave, et que l'inégalité bannit ; de cet amour enfin qui n'existe plus aussitôt qu'un époux ridicule peut nommer sa compagne *sa propriété*, ou qu'une épouse avilie par des fers, réclamant un semblable droit que la loi lui accorde, mais que l'usage, l'opinion, tout lui refuse, consent à porter des chaînes, à condition qu'elle pourra à son tour en charger son époux.

96. O lumière céleste, redouble tes feux, et prouve à tous, par l'éclat de tes rayons, qu'un être ne peut point appartenir à un autre être, pas même à son créateur, puisque animé de sa vie il n'est qu'un avec lui. Le fils ne peut être la propriété du père : un esclave serait-il l'image du Tout-Puissant ? L'amour unit deux êtres, il les réduit en un, mais il n'enchaîne jamais ; chacun retrouve son individualité dans l'objet qu'il aime, et non point en soi : là est le mystère de l'amour ! Ce mystère, que la lumière d'en haut a voulu nous montrer, et pour lequel nous sommes demeurés aveugles. Or cette lumière brille de nouveau dans le monde,

l'amour ressuscite l'esprit de celui qui a dit : « Fais, ô mon père, qu'ils soient un, comme toi et moi qui ne sommes qu'un. »

97. Contemplons le verbe éternel en Jésus notre frère, homme mortel comme nous. Que nous dit-il de ce sacrement du mariage lorsqu'il confond les Saducéens qui voulaient lapider celle qui en avait brisé les siens? « Puisque personne ne vous condamne, je ne vous condamne point, mais ne péchez plus; » c'est-à-dire ne vous placez point sous le couteau de cette loi qui a été donnée à Israël, comme toutes les autres, à cause de la dureté de son cœur. Que nous enseigne ce soleil du monde, lorsqu'il brille pour la Samaritaine, qui avait si souvent méprisé ces chaînes, et dont elle n'avait jamais revêtu le joug honteux? Jesus aurait-il institué le sacrement de mariage par cela seul qu'il a assisté aux noces de Cana! Eh! il allait bien au temple qu'il a accablé de tant de malédictions!...

98. Avant que le prêtre, ce ministre de ténèbres qui fait toujours le contraire de ce qu'il dit, ait prononcé le funeste *conjungo* qui, selon l'esprit du sacerdoce, signifie *je désunis;* avant que les deux époux, conduits devant les sépulcres de l'amour, aient plié le front devant le marbre glacé, le bonheur, semblable à un jour de paix, se levait sur leur horizon; la jeune épouse, en arrivant dans les bras de son époux, porté sur les ailes de l'amour, lui apparaissait comme une vierge pure; elle semblait lui promettre les régions d'Éden pour demeure! Le jeune époux, choisi par sa compagne à l'ombre des lauriers, brillait pour elle comme un rayon de gloire, ou lui représentait la sagesse portée sur un char de lumière, lorsqu'elle l'avait distingué cultivant l'olivier ou appuyé sur un myrte fleuri; mais le ministre des autels a placé son funeste sceau, et l'amour, la gloire, tout a disparu; un noir horizon a remplacé l'aurore du bonheur; les époux, ballottés sur les flots de l'illusion, ne jouissent plus qu'au souvenir d'une félicité qu'ils n'ont fait qu'entrevoir, et que cherchent en vain à remplacer quelques sentimens éphémères.

99. L'union des deux sexes est la plus noble et la plus douce de toutes nos institutions, mais seulement lorsqu'elle est commandée par l'amour et dans une constante liberté. Tout, dans l'univers,

tend à remplir le but de la création : l'unité des êtres et des choses. L'homme et la femme, animés d'un doux attrait que le ciel a mis en eux comme un guide pour qu'ils puissent s'élever à l'amour céleste, tendent à se réunir, parce que dans le mystérieux *in principium* on a la racine de tout ce qui a reçu l'existence : ils ne furent créés qu'un seul être. Or l'unité seule est féconde; sans unité il n'y a point de vie, et l'amour seul commande l'unité.

100. En retraçant les mystères de l'unité, Moïse n'a pu, dans l'ordre du progrès, que nous donner l'insuffisante loi; et la race humaine, sous la loi qui ne peut former aucune union féconde, allait s'éteindre : il ne naissait que des animaux dans le monde! Mais bientôt l'amour, qui est Dieu, brilla de nouveau, et un homme, en Jésus, naquit de ses feux. Ici nous ne réfuterons point toutes les absurdités dont un prêtre ignorant nous entretient sur la nature et la naissance de l'illustre Galiléen; nous ne combattrons point les décisions de ces nombreux conciles qui, au milieu du scandale, se sont tous entredétruits. Il nous suffira de dire que Jésus, homme comme nous, dans les mêmes circonstances, pécheur, puisqu'il a été tenté, a reçu dans son sein le fils de Dieu ou Dieu lui-même manifesté dans l'homme, avec lequel nous sommes tous appelés comme lui à devenir identiques. Or la connaissance de ce mystère est aussi ancienne que le monde, qui est une éternelle succession. Le bonze, le brachman, tout, dans les anciens sanctuaires, nous la retrace.

101. Le prêtre, pour mieux détruire la lumière, a mis à mort celui qui l'avait apporté; mais en cela même il n'a fait que la répandre avec plus d'abondance. Le soleil divin, arrêté dans sa marche, n'a point été anéanti; il brille avec un éclat nouveau sur mille points de la terre; il annonce par sa présence le règne du royaume d'en haut. La nouvelle génération surgit au sein de tous les peuples; sa loi, c'est l'amour; son cri, c'est : Tous les hommes sont frères. Elle veut à tout rendre la *vérité*, et pour elle le titre de frère ne sera plus un mensonge; pour elle la civilisation ne sera plus l'art d'afficher la vertu sur les lèvres, lorsque le crime domine dans le cœur; elle ne sera plus un foyer de perfidie et de mensonge; l'amour, enfin, pour elle reprendra sa réalité, et les liens

que contracteront ses enfans, basés sur cet amour, seront tous éternels et sacrés; oui ou non pour eux vaudra un serment.

102. C'est le prêtre, cet enfant de ténèbres, qui, en voulant se déguiser en ange de lumière, frappe lui-même dans leur racine son culte, sa loi, ses sacremens, tout jusqu'à ses prétendus mystères. Écoutons les scribes, toujours les mêmes, lorsqu'ils nous expliquent la naissance de Jésus, non du fils de l'amour, qu'ils n'ont jamais connu, mais de cette idole dont ils font la base de leur culte. Là ils avouent l'impuissance de leur prétendu sacrement; ils brisent tous les liens de ce mariage qu'ils nomment divin. Selon eux, le sexe mâle, par Joseph couvert de honte et d'opprobre, eût été à jamais exclu de la génération sainte. Où ont-ils donc puisé, ces fauteurs de ténèbres, que le Tout-Puissant qui, dans sa sagesse, a tout prévu, ait dû changer les lois de la création pour fournir un rédempteur au monde? Étranger à la lumière, le prêtre n'a jamais connu ni la vierge ni son époux; il n'a jamais compris Salomon, qui pourtant, malgré toute sa sagesse, ne s'était point élevé au-delà du connu; il n'avait point traversé les portiques des cieux!... Le Christ, par l'amour, a seul franchi ces barrières inconnues, et nul ne le suivra que porté sur les ailes du même amour. Étranger à la lumière, le ministre de tous les cultes ignore que l'époux et l'épouse sont en nous, engendrant continuellement le Christ ou le verbe éternel qui triomphe en nous comme un soleil de gloire pour éclairer le monde, aussitôt que, dissout par les feux de l'amour, nous ne sommes plus trouvés en nous-mêmes. C'est en se sacrifiant pour ses frères que Jésus, fils de Marie et de Joseph, a permis au soleil du monde, au verbe éternel, de naître en lui pour nous éclairer de ses feux. Or ce sacrifice ne peut avoir lieu qu'en raison de notre identité avec le Christ, qui seul peut aimer ou accomplir en nous le mystérieux sacrifice.

103. Rien n'est plus vrai cependant que le verbe ou le Christ est né de l'éternelle vierge et de Dieu seul son époux; mais l'éternelle vierge est dans toute la création: elle est en nous; et là, si l'amour nous anime, elle y est unie à son époux. Ils sont le nouvel Adam et la vierge engendrant le nouvel Abel ou le verbe sauveur.

Si, au contraire, l'égoïsme nous inspire, si nous sommes notre propre idole, c'est-à-dire *si nous aimons Dieu* selon l'esprit des cultes, ils sont en nous le vieil Adam et Ève déchus engendrant Caïn le réprouvé, le fils de Satan. Or ce réprouvé, ce meurtrier de tout ce qui n'est pas *lui*, c'est tout ce que nous pouvons connaître en nous et de nous dans ce monde, c'est enfin *nous-mêmes*.

104. L'Éternel, en contemplant les humains, ne les juge point comme font les hommes, qui osent lui indiquer ceux qui sont innocens et ceux qui sont coupables, l'accusant d'injustice lorsque, ne se soumettant point à leur aveugle jugement, il frappe indistinctement sur tous. L'amour étant banni de la terre, et l'amour pouvant seul nous ramener de l'erreur à la vérité, du connu à l'inconnu, c'est-à-dire à un Dieu qui ne soit pas *nous*, il est clair qu'il n'y a point de justes et que le monde n'est peuplé que par des animaux. Le germe de l'amour cependant est en tous ; il fait seul la différence réelle entre la créature que nous appelons homme et celle que nous nommons animal. Si l'amour ne peut pas ressusciter, il indique partout ses chaînes, il montre le simulacre qui lui sert de tombeau, et ce simulacre, la lettre, la civilisation, la nature, tout, flottant sur les ténèbres, ne peut être englouti. L'Éternel, qui est l'amour, ne juge point par l'état extérieur; le culte, devant lui, est un motif de condamnation ; l'opinion, le système religieux, tout cela devant ses yeux n'est rien ; mais il classe au premier rang celui qui donne le plus à ses frères et qui en reçoit le moins. Aussi l'artisan et le pauvre les premiers reçoivent la lumière lorsqu'elle nous arrive d'en-haut. Il élève au-dessus de tous celui que la souffrance accable, celui qui, opprimé par de pesantes chaînes et gémissant humblement sous le joug, ne se venge de son oppresseur que par son amour ; et la femme, devant lui, occupe le premier rang ; la première elle ouvre son cœur à l'amour ; le Rédempteur par elle arrive dans le monde !...

105. La source de la vie n'existe que dans l'unité ; l'amour seul, qui est Dieu, peut former cette unité, et par elle donner naissance à une créature parfaite. Or tout homme parfait est l'image vivante de l'Éternel ; c'est lui-même manifesté en son fils, par lequel tout existe et sans lequel rien n'a l'être. Dans le domaine animal il y a

une unité matérielle effectuée par l'union de deux êtres, qui est commune à l'homme extérieur, à la bête, au végétal, à tout; mais rien, par cette unité, ne peut être produit hors de ce domaine, où tout est privé de la vie, de la réalité; où tout est sous la loi de la mort et de la corruption. Les prêtres de l'antiquité, fameux dans les mystères de la génération, nous ont laissé sur les débris de leurs temples, dans leurs légendes, partout, des traces de leurs hautes connaissances, mais qui, privées du céleste amour, étaient horribles et toutes infernales. Adorateurs du feu, et sous la puissance du *dragon*, ils voulaient prouver que l'unité féconde existait dans le sexe mâle seulement. Nos prêtres pigmées, pour avoir voulu dans un temps lever la tête à cette hauteur, ont osé discuter si la femme avait une ame, et si dans l'homme seul n'était pas la vie. Or, remarquons-le bien, c'est aux prêtres de tous les siècles que la femme doit et le mépris et les fers dont l'homme est assez injuste et assez lâche pour l'accabler.

106, Nous ne dévoilerons point ici les affreux mystères des prêtres modernes: les ténèbres sont encore trop épaisses. Si cependant nous méditons, à la lueur de l'aurore nouvelle, sur leur état célibataire, sur le prétendu mariage spirituel que contractent leurs sectaires dans les couvens, dans ces foyers de ténèbres et de barbarie, nous reconnaîtrons que, toujours les mêmes, ils visent au même but que le prêtre de l'antiquité; ce but qui est la destruction des peuples! Comme lui ils mettraient un terme à la propagation de la race humaine, en ne produisant què des monstres par l'isolement des sexes, si la civilisation ne renversait point leurs projets destructeurs.

107. Les ministres protestans, après avoir signalé ce système affreux, l'ont repoussé avec horreur; mais sont-ils devenus plus sages? Ici nous serons bien moins compris encore: l'état plus civilisé du protestantisme le couvre d'un feuillage fleuri qui cache son esprit sacerdotal; cet esprit toujours le même et qui a toujours le même but. Or nulle part la femme n'est plus dégradée, plus humiliée que dans les pays réformés. En Angleterre, comme dans l'Amérique protestante, l'homme est loin de s'unir pour avoir un second *lui-même*. Son épouse c'est l'or, les sens ou des soins

serviles ; cette épouse est déplacée au milieu de ses plaisirs : alors celle-ci, repoussée de partout, se dédommage du dédain qu'on lui porte en se réfugiant dans les temples, où, comme pour se venger de tant d'affronts, elle conduit celui qui l'humilie, elle le place sous les pieds même des idoles les plus dégradantes, et là elle lui fait subir, par la force de l'opinion, le plus honteux de tous les jougs. Or les hommes, dans ces régions avilies autant qu'orgueilleuses, presque tous bigots, se montrent plus lâches, plus dégradés mille fois qne celle qu'ils ont si injustement accablée de leur mépris.

108. Tout ce qui se rattache au protestantisme marche un degré en avant dans la civilisation. Il y a une différence sensible entre les pays où domine la réforme et ceux occupés par les catholiques. Le protestant, en secouant le joug des idoles, a fait un pas hardi vers l'*inconnu;* il allait briser les barrières qui nous cachent Éden ; il a fait briller sur la terre un léger rayon de son aurore, lorsqu'il est retombé, par son pharisaïsme, plus bas qu'il était avant que d'avoir renversé ses idoles et détruit leurs temples. Les bienfaits qu'il avait reçus d'en-haut lui sont demeurés, car le ciel ne retire jamais ses dons. Or ce n'est pas lui qui est en défaut envers nous, c'est nous qui fermons notre cœur à ses faveurs ; car tout est dans ce monde. Sous l'enveloppe grossière des êtres et des choses existe le ciel lui-même, ou l'éternelle création dans toute sa gloire, et nous en jouirions dans leur complément si l'amour développait en nous les facultés qui peuvent les posséder.

109. Le prêtre, étranger à la lumière, plus étranger encore à l'amour céleste, connaît la défectuosité de tout amour de ce monde, et il le nomme charnel, impur ; il le nomme même la porte des enfers. L'amour terrestre cependant, même dans ses plus bas étages, n'est jamais la source d'aucun mal. Celui qui aime ne peut être méchant ; s'il se livrait au mal, c'est qu'il s'éloignerait de l'amour en sacrifiant, mu par un égoïsme honteux, ou son ami ou son amante : partout et dans tous les degrés l'amour est la source du peu de bien et de la vertu dont nous jouissons dans ce monde.

110. Aussitôt que, par l'union conjugale, nous nous plaçons sous la loi des cultes, nous sommes écrasés par leurs chaînes pesantes, et entraînés dans un atmosphère où tout est égoïsme,

lâcheté et ambition, où tout se rapporte à nous. Pour cacher ses sentimens horribles, le prêtre les couvre de fleurs qu'il nomme célestes ; et sous leur feuillage il cultive la racine des enfers ; là, par un raffinement de crime, tout est saint, pourvu que notre égoïsme ait la gloire éternelle pour objet. Les enfans que produisent de semblables unions respirent en naissant cet élément impur, et notre postérité, à laquelle nous communiquons la vie, reçoit avec elle l'esprit affreux de ces mêmes cultes, qui, sous des noms différens, se reproduisent de siècles en siècles, de myriades en myriades, sans jamais cesser d'être les mêmes. Enchaînés par nos prédécesseurs, qui nous ont imposé et leurs lois et leurs cultes, nous exerçons le même despotisme sur nos enfans. A peine ils ouvrent les yeux à la lumière que nous en faisons des esclaves, nous portons l'abus du pouvoir jusqu'à leur défendre de lever la tête pour sortir des ténèbres où nous voulons les enchaîner, eux et toute leur postérité. Or la race humaine n'est qu'une succession d'esclaves ; et l'esclavage est incompatible avec l'amour.

111. La liberté est la base de l'existence ; elle en est également la condition. Celui qui en est privé ne peut exercer aucune des fonctions de la vie qui constituent un *être*. L'esclave est mort ; il n'est que la copie ou l'expression de son tyran, qui seul vit en lui. Les peuples esclaves ne possèdent point la vie : aussi les voyons-nous végéter et insensiblement s'éteindre. Aujourd'hui ces mêmes peuples, éclairés d'en-haut, voient leurs chaînes ; tous réclament la liberté ; tous ont reconnu que la souveraineté leur appartenait, et que seuls ils avaient le droit de se choisir leurs chefs. Selon les lois de la nouvelle génération, des chefs ou un roi choisis par le peuple, loin d'être ses tyrans ou ses maîtres, demeurent toujours ses enfans ; ils ne peuvent continuer d'exister qu'autant qu'identiques avec lui ils en demeurent la continuelle expression. Fils du peuple, ils ne peuvent point en être les esclaves, puisqu'en eux est le pouvoir, en eux est l'action de la vie ; tandis que sous l'ancien système de fourberie un roi, prétendu père de son peuple, ne pouvait en être que le tyran, puisque cessant d'être identique avec celui duquel il recevait tout, il regardait le pouvoir comme étant sa propriété, et les hommes comme étant ses esclaves.

112. Dans le royaume d'en-haut, dans ce royaume dont la nouvelle aurore annonce l'arrivée sur la terre, tout jouit d'une liberté et d'une égalité parfaite, quoique tout se divise en régions qui s'élèvent à l'infini. Là tous sont enfans du même père; il n'y a d'élevé que celui que son frère élève, et toujours celui qui occupe le faîte de la gloire est moins grand que celui qui l'a élevé et qui est placé au dernier rang. Si, dans le domaine de l'amour, un frère pouvait voir un de ses frères placé plus bas que lui, c'est que ce domaine ne serait point celui de l'amour, mais bien celui des enfans de ténèbres. Ce sont ces mêmes enfans de ténèbres qui ont fondé nos institutions barbares sur la terre, ou cet ancien système qui s'écroule frappé par le doigt de l'Éternel. Or cet ancien système se compose de nos institutions, de nos lois, de nos cultes, de tout enfin ce qui se rattache au trône et à l'autel. Dans le royaume de ce monde, dans ce royaume dont le soleil couchant annonce la dernière heure, tout est dans l'esclavage; là tout est avili et corrompu. Le maître méprise le serviteur dont il reçoit les services; il avilit l'artisan duquel il reçoit et la richesse et la gloire. Le serviteur et l'artisan, dévorés par l'envie, sont les ennemis nés de celui même qu'ils servent. Chacun se considère comme étant plus élevé que son frère ou comme méritant de l'être; et pour arriver aux richesses, aux honneurs, à la gloire, chacun est toujours prêt à se servir de ses semblables pour en faire son marche-pied.

113. Partout où l'amour dicte ses lois il ne peut plus y avoir d'inférieurs ni d'esclaves; tout se confond dans l'unité; et celui-là est le plus grand qui peut descendre le plus bas. C'est pourquoi le verbe, la lumière du monde, déclare qu'il est le serviteur des serviteurs, c'est-à-dire l'esclave de tous. Mais quel esclave que celui qui cesse d'être pour que tout par lui ait la vie et jouisse par lui du bonheur de l'existence!... Le fils de l'amour, pour briser les fers de l'esclave, les revêt, et dans ses chaînes il est au-dessus des rois; chacun envie sa gloire; tous veulent être esclaves, tous veulent être serviteurs. L'amour lui-même a métamorphosé la honte qui, sous ses feux, est un soleil tout éclatant de majesté. O femme, toi qui portas dans ton sein le serviteur des serviteurs, le dernier de tous, ou l'esclave qui, en mourant, donne à tous et la liberté et la vie,

n'as-tu pas été sur la terre la plus humble des servantes, et n'as-tu pas été la première de toutes les femmes pour avoir été la dernière!...

114. Si la femme, en s'humiliant, est devenue si grande, c'est aux hommes à la placer à son rang. La première nation qui proclamera l'édit de son émancipation, l'élevant en tout à la hauteur de l'homme, dictera ses lois au monde tout entier; mais comment les dictera-t-elle? sinon parce que, fiers de les suivre, tous les peuples se rangeront avec joie sous ses drapeaux, tous viendront revêtir le joug de l'amour, ce joug toujours si doux, ce fardeau toujours si léger. Or la femme peut seule rétablir l'harmonie sur la terre; seule elle peut y fixer le bonheur, car c'est par elle que nous devons recevoir d'en-haut les lois d'un amour tout pur et un nouvel ordre de choses tout céleste!...

115. Partout où quelque chose de grand et d'utile a été effectué dans le monde, l'homme a eu pour collaborateur sa compagne. Si l'artisan féconde nos champs, si l'industrie prospère sous sa main, c'est que, dans ses travaux comme dans ses plaisirs, la femme est son égale; s'il fournit à l'état des phalanges invincibles, c'est qu'il compte dans ses rangs, au lieu d'un prêtre, la fille de la liberté. Le cultivateur épuisé de fatigue réclame un appui, et la femme lui prête son bras qui l'égale en adresse et souvent même en force. L'homme, dans tous les états, sur le trône comme dans la chaumière, agité par les passions, victime du malheur ou menacé par la tempête, plie frappé par le destin! Il succombe!..... Mais non, sa compagne a entendu son cri de douleur; elle est à ses côtés; elle sèche ses larmes et brave le destin! Elle a sauvé son époux!..... Oh! que de traits héroïques nous sont retracés par l'histoire!..... Or, le trône de cette dynastie déchue, couvert de tant d'opprobre, toujours inaccessible aux cris d'une épouse, d'une fille ou d'une mère, vient d'être frappé par le bras de celle dont il n'a jamais écouté et les plaintes amères et les douloureux soupirs.

116. Esclave, la femme n'habite que les régions de la mort. C'est dans les temples, c'est au pied des idoles qu'elle éteint quelques instans que lui laissent sa malheureuse existence. Libre, elle change la face de l'univers. Toujours généreuse et compatissante;

elle n'inspire que les plus hauts sentimens ; rien moins que l'amour céleste n'est digne d'habiter son cœur. Bannie des champs de la gloire où, par son esprit, elle a toujours su pénétrer, elle est semblable à une amazone éthérée ; là elle combat à côté du guerrier que son cœur aime. Elle le couvre de son égide, elle soutient son bras que son armure écrase, son œil le contemple ; elle veut voir un héros dans son ami, un héros seul est digne de son amour ; sa voix s'élève plus haut que les cris des combattans : l'heureux guerrier sait l'entendre. Ma main, dit la fille des combats, est prête à penser tes blessures ; si tu succombes, mon amour te suivra dans le tombeau ; si je survis à ta glorieuse existence, ce sera pour chanter ta valeur, tes exploits, et les fils des guerriers, jaloux de ton sort, en marchant sur tes traces, commanderont comme toi à la victoire ; comme toi, ils passeront à la postérité à l'ombre des lauriers et sur le char de l'amour et de la gloire !.....

117. Partout c'est la femme qui détermine la victoire comme c'est le prêtre qui préside aux défaites ; ces faits, dont nous avons puisé le témoignage dans la masse de l'histoire, sont confirmés tous les jours par les grands événemens qui se passent sous nos yeux. Dans les trois jours qui ont sauvé la France, la femme est tombée la première sous un fer assassin ; ses restes palpitans combattaient après sa mort ; ses mânes, en parcourant l'espace, ont, en un instant, animé des milliers de guerriers qu'ils ont rendu invincibles, et par un phénomène difficile à peindre, l'amour a brillé, même au milieu du carnage ! Les hommes toujours veulent trouver la vertu dans leur temple, dont elle est bannie, et chez le riche ou le sage, dont le cœur lui est tout-à-fait étranger ; ils ne peuvent la soupçonner chez le pauvre, cachée sous le feuillage d'un désordre apparent, ni dans le cœur de la femme, méprisée et courbée sous les fers de l'esclave. Et pourtant c'est sur le front du pauvre artisan que la vertu, semblable à l'étoile qui précède l'aurore, a brillé dans les trois jours de gloire ; c'est dans l'ame généreuse des enfans de la France qu'elle a paru avec un développement inconnu jusqu'alors. Devant elle ont fléchi les satellites des tyrans ; devant elle doivent tomber tous les trônes du despotisme et tous les autels impies !

118. La France, par des coups redoublés, vient de sapper

dans leur base le trône et l'autel ; mais les nations tremblantes, ont suspendu leur chute. Les hommes qui marchaient à la tête du progrès, ceux-là même qui dénonçaient et l'impiété des temples et le despotisme des rois, de même que Socrate, ont offert le sacrifice à Esculape, et un coq a paru sur leur bannière ; cependant leur faiblesse même est providentielle ; les desseins de l'Éternel n'en sont pas moins accomplis. Ce coq, lorsqu'il présidait aux noirs mystères des Gaulois, indiquait, au centre des lugubres forêts, l'heure de frapper les victimes humaines ; chargé des bénédictions d'un prêtre farouche, il guidait, non point au combat mais au carnage des soldats fanatiques et féroces ; aujourd'hui il ne reparaît sur l'horizon que pour chanter la dernière heure de la nuit, que pour annoncer le dernier soupir et du trône et de l'autel.

119. Ce que l'homme timide du progrès n'a point su accomplir est réservé au génie de la femme courageuse, qui bientôt indiquera à son orgueilleux maître comment on attaque la source du mal ; elle lui prouvera que la frapper à demi, loin de la détruire c'est la rendre plus féconde. Oui ! c'est de la femme qu'aujourd'hui les peuples attendent leur délivrance ; c'est elle que le ciel a choisie pour nous distribuer ses dons ; et elle est repoussée partout, où elle pourrait avec tant de fruit les répandre ! Certainement, si l'homme partageait avec la femme le banc des législateurs ou le fauteuil des juges, si comme lui elle pouvait suivre librement la carrière des sciences et des arts, l'harmonie reviendrait sur la terre, l'abondance verserait sur nos champs sa coupe inépuisable ; nos régions seraient florissantes, la misère et la souffrance leur deviendraient étrangères. La femme, administrateur, entre dans des détails qui échappent à l'homme ; elle a un besoin plus direct de faire le bien, sa faiblesse même est un don ; c'est elle qui la rend compatissante aux besoins du malheureux.

120. Le criminel menacé par la loi, l'innocent accusé par l'injustice, tous réclament un défenseur ; et la femme, libre de ses fers, se place entre le juge inexorable et l'opprimé dont elle se déclare et la mère et l'appui. Son cœur se charge de la défense ; il lui inspire une éloquence toute céleste ; à l'entendre, le coupable lui-même se croit innocent ; son crime par lui est révoqué en doute ;

absous par les juges attendris et convaincus, il se retire, admirant la grandeur d'ame de son défenseur. Or qui admire la vertu a cessé d'être coupable!.....

121. Loin d'être faible, la femme est douée d'une fermeté qu'en vain on lui conteste; la sagesse elle-même l'a proclamée comme étant ce qu'il y a de plus fort dans le monde. Elle sait distinguer la faiblesse du crime; elle sent, par un instinct que le ciel n'a pas toujours accordé à l'homme, lorsqu'un cœur peut retourner à la vertu; à cette vertu à laquelle elle est toujours plus disposée à ramener qu'à punir. En harmonie avec le messager des cieux, elle demande la conversion du coupable et non qu'il périsse! Assise sur le fauteuil du juge, elle sait, comme lui, prononcer une sentence sévère; mais une larme signe l'arrêt, et cette larme suit le malheureux au fond de son cachot; là, celui que la justice écrase de toutes ses rigueurs, la voit couler encore; dans son angoisse, il la contemple; par elle il est consolé. Il semble qu'elle ait la puissance de repousser au loin le noir désespoir; elle arrose les fleurs que fait naître la douce espérance dans un lieu où elles paraissaient bannies à jamais! là où un geôlier impassible semble avoir reçu l'ordre de ne laisser pénétrer que la douleur. . . . . . et le crime!. . . . . .

122. Ce n'est point seulement dans les cachots où la femme est appelée à répandre des bienfaits, c'est partout où il y a des malheureux souffrant. Libre de parcourir la carrière des sciences, bientôt nous la verrons près des malades, semblable à un ange tutélaire, armée d'un art qui, frappé entre les mains de l'homme d'une stérilité effrayante, marchera entre les siennes de progrès en progrès. Quoi la femme, si compatissante et dont la main prodigue des soins si doux est exclue de la médecine, et par nos usages, et par nos lois barbares! Elle est repoussée du pouvoir, de la science, partout. Et pourquoi?..... C'est que l'homme né despote ne veut que des esclaves; il veut faire porter des chaînes, même à l'objet de ses plus tendres affections! Il veut, dans son égoïsme, que la femme soit *sa propriété*. Il veut prendre enfin, et non pas recevoir le bonheur, la beauté que le ciel a placé en elle et qu'elle est si désireuse de répandre. Mais tous ces dons,

l'épouse elle-même, qu'il croit avoir saisie, tout lui échappe : l'envie, la jalousie, armées d'un feu infernal ont tout dévoré!.....

123. La femme, comme nos enfans, tout naît dans les fers ; l'opinion, son plus grand ennemi après l'homme, l'écrase si elle ose disposer de ses affections ; il n'y a rien en elle de sacré ; son sanctuaire le plus inviolable est envahi ; tout en elle est condamné à un éternel esclavage!... Or l'esclave n'est point un être ; la beauté, la vertu, n'est plus en lui qu'un vain fantôme ; le grand, le magnanime, tout, jusqu'à la dernière étincelle de vie, a disparu pour faire place à son méprisable oppresseur. L'œil envain parcourt les deux hémisphères pour trouver la femme dans cet état de liberté dans lequel seulement elle peut faire le bonheur des enfans de la terre, et partout il ne rencontre qu'une esclave dégradée. En Asie, elle n'a d'autre valeur que celle que lui donne les formes de son corps ; on la vend pour de l'or ; en Europe, plus avilie encore, on ne peut la vendre et la livrer au maître qui l'humilie qu'avec de l'or ; là elle n'a de valeur que par les richesses qu'elle possède ! Pauvre, il faut qu'elle meure dans la misère, ou que, passant dans cette classe que l'homme lui-même dégrade, elle se voie accablée de son mépris. Et pourtant quel est le plus vil de celui qui corrompt ou de la malheureuse qui, mourant de faim, est forcée de se laisser corrompre? Nous rougissons en voyant la caste des parias, que des cultes infernaux et une opinion infâme crée et entretient en Asie pour fournir aux grands l'odieux plaisir d'humilier et d'avilir leurs semblables, tandis que nous, au centre même de la civilisation, nous entretenons une caste plus humiliée, plus dégradée encore. Quoi ! l'homme nomme sa propre sœur une prostituée, il la couvre de honte et d'opprobre, et il est encore à rougir !...

124. Le pauvre partage en tout lieu et les fers et le mépris qui écrasent la femme : aussi les voyons-nous toujours à la tête des phalanges guerrières de la nouvelle génération commander aux tyrans de leur rendre la liberté, demander aux grands et aux riches le bonheur et la gloire que le ciel lui-même leur a légué à tous !... Or les grands et les riches ne font pas, par orgueil pour eux-mêmes ou par intérêt pour leur frère, ce que la cupidité leur fait faire pour des animaux. Habitans des deux mondes et ne connaissant de

patrie que la génération nouvelle, nous moissonnons chez les peuples divers pour enrichir nos frères, et nous leur offrons les fruits de notre récolte. L'Amérique du Nord, cette république naissante, donnerait à l'Europe des leçons de sagesse, si, esclave de cultes dégradans, si, vieille avant d'avoir été jeune, elle n'était pas tombée dans la décrépitude, écrasée sous le joug des prêtres imposteurs qui lui dictent leurs lois; si cet esprit mercenaire et mercantile que communique les cultes n'avait pas dégradé la masse de ses habitans. Cependant toutes ses institutions, qui pourraient nous servir de modèle, nous devancent dans le progrès; elles forment avec les nôtres un contraste d'autant plus frappant que nos prisons, nos hôpitaux, nos lieux de refuge et de charité, tout chez nous est dans le plus bas état de dégradation. Nos prisons sont les foyers du crime, nos hôpitaux ceux de la douleur attisée par l'opprobre; nos charités ne protègent le pauvre et l'orphelin que pour les vouer à l'infamie! O fils du pauvre, le moment approche où tu seras traité comme tu mérites de l'être. Aujourd'hui encore l'étable même t'est fermée; le riche semble craindre que tu y occupes la place destinée à la bête des champs; mais demain les palais du puissant seront fiers de te donner asile!...

125. Nous avons vu en Amérique, et nous ne le racontons point sans intérêt, le cultivateur ambitieux conduisant à un concours annuel un bœuf étonnant par sa taille, un étalon brûlant de feu dont toutes les formes indiquaient la force et la beauté, un bélier dont la riche toison semblait assurer la palme à l'industrie naissante, ou tout autre animal indiquant le succès que ce cultivateur avait obtenu par le croisement des races et par des soins assidus. Forcé d'admirer ces animaux d'une beauté rare, lesquels, couverts de fleurs et de dorures, portaient le nom de celui qui avait obtenu ou disputé le prix, nous méditions en silence au milieu de ces fêtes justement données à l'industrie, et nous versions des larmes amères, répétant, sans que personne voulût nous entendre: L'homme fait ici pour des animaux ce que nulle part il ne ferait pour son frère! Alors le malheureux, manquant de pain, se présentait à nos yeux à côté du bœuf gras. Ce cheval, qui avait dépensé plus qu'il n'aurait suffit pour nourrir une famille indigente,

n'avait plus pour nous aucun attrait ; et ce bélier, si richement vêtu, qu'était-il, mis en parallèle avec l'enfant du pauvre auquel on aurait prodigué les mêmes soins?...

126. Europe! crois-tu avoir à t'énorgueillir? Déjà tu nous présentes tes hôtels de charité somptueusement bâtis, où l'orphelin reçoit une existence assurée ; tu nous indiques le riche orgueilleux qui les a fondés ; tu nous présentes l'état lui-même adoptant l'enfant du pauvre pour son fils ! Mais notre œil scrutateur, loin de s'arrêter sur des portiques chef-d'œuvre de l'art, pénètre au centre de ces vastes édifices, et là tout ce qu'il rencontre est affreux ; là l'esprit du bienfaiteur perce à travers ses œuvres. Or rien ne nous frappe plus désagréablement que ces malheureux enfans, que dans ces lieux on ne semble rendre qu'à regret à la société. Tout en eux indique qu'ils ont reçu leur pain d'une main avare ; tout indique qu'ils ont été abreuvés d'humiliations et de honte. L'opinion, digne fille de nos mœurs et de nos cultes, les poursuit jusque dans leur humble réduit, jusque dans ce refuge qui, sous le toit d'un palais, n'est souvent qu'une horrible tannière ; elle grave ces mots sur leur front, que tant de maux ont pâlis : *Fils du pauvre, la société te répudie; tu n'es qu'un bâtard, et la honte et le mépris te suivront partout!...* Ces mots affreux sont prononcés sur le berceau du malheureux que la misère ou les préjugés ont privé des soins d'une mère, et l'enfant, sans les entendre, reçoit la malédiction qu'ils renferment. Alors ses facultés morales, les membres même de son corps ne peuvent recevoir leur développement. Réduit à traîner une vie misérable, tout en lui maudit et le père inhumain qui l'adopte, et ce bienfaiteur qui semble, même après sa mort, lui disputer l'existence chétive, douloureuse et accablée d'opprobres que ses bienfaits ont produits.

127. Si, après avoir parcouru l'asile de l'orphelin, nous jetons les yeux sur celui des pauvres, nommé par ironie hôtel de Dieu, nous trouvons dans cette institution la mesure de la prétendue charité chrétienne dans toute son étendue. Là se présente une scène d'horreur pénible à décrire : de malheureux infirmes, entassés dans des salles, dont la souffrance et la mort, portés sur les aile

des miasmes putrides, semblent avoir exclusivement l'entrée, attendent des secours mercenaires qui, lors même qu'ils paraissent empressés, cachent sous un voile transparent le rebut et les mépris dont ils sont accompagnés. Tout leur fait sentir que l'hospitalité qu'ils reçoivent est une aumône!... Une aumône!... Enfant de la nouvelle génération, seul tu comprendras que faire l'aumône à son frère est le comble de l'abomination! Quoi! humilier, écraser sous mille opprobres celui que l'on soulage, est-ce là un bienfait? Un frère ne fait point l'aumône à son frère, puisqu'il lui doit ses sueurs, sa vie, tout: il lui doit son amour! O non! celui qui aime n'accable point le malheureux qui reçoit ses bienfaits; il ne peut humilier celui dont il serait fier d'être le serviteur!...

128. L'aurore est encore bien faible pour reconnaître les défectuosités de toutes nos anciennes institutions. Nos prisons, nos cachots, nos échafauds même, tout cela nous paraît naturel. Accoutumés à l'ordre monstrueux établi par nos tyrans, et aux fruits dégoûtans de nos cultes, nous demeurons endormis sur le bord de l'abîme qui ouvre son gouffre prêt à nous engloutir, ne soupçonnant pas même que, créés pour habiter les cieux, nous possédions un système tout infernal, et que ce système odieux soit fondé et soutenu par les prêtres, qui osent, pour se couvrir, nous parler et des vertus divines et de la route des cieux. Les hommes de l'ancienne génération sont tellement corrompus que, même par leurs bonnes œuvres, ils ne produisent que le crime. Si l'une de leurs institutions pouvait être plus mauvaise que l'autre, nous citerions les prisons comme un chef-d'œuvre d'abomination. L'homme accablé d'une maladie morale, mérite bien plus encore notre commisération que celui dont le corps seul est menacé par la corruption ou par la mort. Et le criminel, qu'est-il, sinon un malheureux dont l'ame est malade et que menace une mort plus funeste que celle qui ne peut avoir d'action que sur les corps? Nous n'accuserons point ici la société, qui, en repoussant de son sein le pauvre qu'elle a voué au mépris, ne lui laisse pour subsister d'autre moyen que le crime: la sentence la frapperait d'un coup trop assuré; nous ne parlerons que des moyens que lui fait employer l'esprit qui l'anime pour détruire dans son sein tous les forfaits dont elle

semble déplorer l'existence, tandis que c'est par elle qu'ils sont enfantés et qu'ils sont nourris.

129. Si l'établissement de nos prisons avait été présidé par la moindre sagesse, elles seraient les tombeaux du vice et les écoles de la vertu, tandis que, loin de là, elles ne sont, au moral comme au physique, que des cloaques impurs; elles ne sont que des foyers où se raffine le vice, où prennent naissance de nouveaux crimes et de plus noirs attentats. Quoi! nos législateurs ne rougissent point à la vue de semblables institutions, et ceux qui, appartenant à la nouvelle génération, marchent dans le progrès, n'ont point encore compris qu'un cachot, où le criminel n'est point instruit de son devoir et rappelé à la vertu par l'exemple de la vertu, est un établissement odieux qui doit être anéanti? Ils n'ont point encore compris que punir un coupable c'est ajouter le crime au crime, lorsque le juge n'a point pour but de rendre à la société celui qui peut souvent, quelle que soit sa faute, en faire encore le plus bel ornement. Moïse, David et tant d'autres n'en ont-ils pas fournis l'exemple? Or le malheureux que frappent nos lois barbares, loin d'être rendu à la société, est à jamais banni de son sein. Un juge sévère, loin de voir dans le coupable un frère digne de son amour, prononce avec un cœur d'airain une sentence diffamante, et par cette sentence il ouvre à son frère la seule porte du crime, il lui ferme toutes celles de la vertu! Or, devant l'Éternel, quel est celui qui sera le coupable? qui sera puni pour tous les forfaits que nos tribunaux enfantent?...

130. Si l'ancienne génération nous en impose par quelque apparence de vertu, c'est que nous n'avons point encore compris que nos œuvres extérieures, quoique en nous rendant méritans ou coupables aux yeux de la société, quoique en nous livrant justement à ses lois, n'apportent en nous aucun bien ni aucun mal réel. Ce n'est que par leurs fruits qu'elles peuvent rendre témoignage de l'esprit qui nous anime, et c'est par cet esprit seul qu'aux yeux de l'Éternel nous sommes bons ou méchans. Ici se présente un grand mystère que le Christ et Paul ont voulu révéler aux hommes; mais les prêtres ont aussitôt étouffé les lumières qu'ils avaient répandues. Ces hypocrites ont détruit la *vérité* et la *vie* partout, même

en prêchant la lettre de la morale qui les renferme. Le grand mystère que la nouvelle génération comprendra, et que l'ancienne repousse avec horreur, puisqu'étant dévoilé il sape dans sa base tout son odieux système de cultes et de lois barbares, c'est que celui qui donne son bien aux pauvres, et celui qui livre son corps aux flammes pour soutenir son culte, quel qu'il soit, ou qui fait tout autre acte pour lequel les hommes le canonisent et lui donnent la palme du martyre, peut produire pour résultat de ses œuvres des fruits tout aussi mauvais que celui qui, par sa mauvaise conduite, se place sous le glaive des tribunaux. « Lors même que je livrerais mon corps aux flammes, disait Paul, si je n'ai la charité, je n'ai rien fait. Sous les feux de l'amour, disait le Christ, vos péchés seront blancs comme la neige, etc. » Si l'amour, si le dévouement pour nos frères habite notre cœur, nos œuvres, quelles qu'elles soient, renferment le germe de ces vertus; et ce germe, en se reproduisant de siècle en siècle, produit des fruits célestes. Si le rapport de tout à nous, si l'égoïsme nous inspire, s'il guide nos actions, ces vices suivent nos œuvres dans un germe fécond, et se développent avec des circonstances d'autant plus horribles et d'autant plus funestes que nos actions, marquées du cachet de l'hypocrisie, étaient cachées sous des apparences de vertus plus sublimes.

131. Le Verbe en Jésus, qui a été la plus grande lumière du monde, ne condamne point la femme adultère; il ne fait que lui recommander de ne point pécher contre une loi qui la livre au pouvoir des méchans. Marie Madeleine et la Samaritaine, méprisées par les hommes, sont à ses yeux plus grandes que toutes les autres femmes; elles deviennent, en réfléchissant ses feux, des astres qui éclairent la terre. Or tout leur mérite, *c'est d'avoir beaucoup aimé*. Quoi! nous n'avons pas encore compris que le verre d'eau donné par *amour* nous est plus méritant que si nous avions, sous l'influence d'un autre esprit, disposé de l'univers tout entier! Ceci nous explique positivement pourquoi nos hôpitaux, nos prisons, nos couvens, toutes nos institutions enfin qui se rattachent aux cultes et à l'ancien système, nous présentent d'aussi monstrueux résultats. Tous ceux qui les ont fondés, cachés sous l'éclat de la

vertu, étaient animés d'un égoïsme d'autant plus hideux qu'ils avaient pu sans rougir le graver sur leur front et dans leur main, adorant l'universel Dieu du mensonge ou la bête, rampant devant ce monstre au pied des autels, là où l'esprit infernal des cultes enseigne que l'on peut avoir soi-même en vue dans toutes ses œuvres, si l'on travaille à son salut ou à sa gloire éternelle.

152. Les cultes ont pris toutes les formes, tous les noms; ils ont mis tout en œuvre, depuis un nombre incalculable de siècles, pour assurer à l'homme son salut, pour le conduire *lui-même* au ciel. Ils prétendent, en opposition à l'amour, le rendre parfait, et changer sa nature par la prière, les austérités, par l'usage ou la pratique de leurs sacremens absurdes et de mille autres cérémonies ridicules. Les prêtres soutiennent encore ce système, quoiqu'il n'ait jamais produit aucun bien, et qu'il ait au contraire entraîné toutes les nations dans les ténèbres et dans la barbarie, où toutes seraient irrévocablement englouties, si la civilisation, l'ennemie naturelle des cultes, n'avait balancé leur maligne influence. La civilisation ferait ce que les cultes ne peuvent point accomplir, si elle était une *vérité*; car elle a l'amour de nos semblables pour base. Mais comme nous ne recevons que le simulacre de cet amour, l'ordre social qu'elle établit ne peut posséder que le simulacre du bien. La différence qu'il y a entre la civilisation et les cultes, c'est que ceux-ci ne peuvent pas être une vérité et que la civilisation peut en être une. Les cultes se composent de leurs dogmes, de leurs pratiques et d'une série de prêtres qui président à tout. Ils se cachent tous sous une morale sublime, dont ils font un mensonge, ainsi que nous le remarquons dans le prétendu christianisme. Ces morales sont dans l'hypothèse de la civilisation. Que l'amour, qu'elles ont pour base, triomphe de ses liens, qui sont les cultes, et les cieux se développeront pour nous dans toute leur magnificence.

153. La race humaine, aveuglée par les cultes, est accoutumée à les considérer comme étant les moyens fournis par le ciel pour éclairer les hommes, et les conduire à la perfection. Si nous n'étions protégés par la nouvelle génération, si nous ne jouissions point des premiers rayons de l'aurore qui commencent à briller, non-

seulement nous ne serions point compris, mais nous serions à l'instant même pulvérisés, lorsque nous prouvons que, vomis par l'abîme, tous les cultes et les dieux connus dans le monde ne peuvent nous conduire qu'à l'ignorance, à la barbarie et au crime. Il n'y a que l'amour qui puisse nous conduire au ciel ou à la perfection et au bonheur. Mais nous sommes si étrangers à l'amour, nous le connaissons si peu, qu'il est pour nous le plus insondable des mystères. C'est l'amour qui doit nous sauver, et l'amour c'est le sacrifice ou la perte de nous, l'oubli absolu de nous-mêmes pour le bonheur de la race humaine tout entière, dans le temps comme dans l'éternité. Or celui qui fait le moins pour soi, et qui travaille le plus pour ses frères, est le plus près du ciel, tandis que celui qui dans le temps travaille pour lui, tandis que le zélé adorateur qui croit aimer beaucoup sa prétendue divinité, parce que tout en prêchant du bout des lèvres l'abnégation et l'oubli de soi il travaille beaucoup à son salut, celui-là est le plus près des enfers.

134. L'amour détruit toutes les idoles ; il est la racine des cieux ; partout où il dicte ses lois, il fait naître ces régions dans toute leur magnificence. Celui qui l'a reçu dans son cœur ne peut rien craindre, ni dans ce monde ni dans l'autre. La douleur ici-bas, et l'enfer dans l'éternité, loin de lui faire peur, ne se présentent à lui que comme les trophées d'une brillante victoire; il se précipite dans leur sein ; l'amour qui l'accompagne produit son fruit et tout est changé en un ciel de gloire ; toutes les creatures, perdues et souffrantes, de furies qu'elles étaient, sont métamorphosées en anges purs, jouissant d'une constante félicité. Celui qui aime, seul comprendra que l'enfer, le mal enfin, loin de ternir l'œuvre de la création, en est au contraire le complément ; sans lui celle-ci ne serait ni parfaite ni infinie. C'est de lui que les cieux reçoivent leur grandeur, leur beauté, leur éclat et leur gloire. Le grand problème de l'existence du bien et du mal, devant lequel notre raison tremblante a toujours échoué, se résout par ces deux mots : Tout est bien, tout est ciel pour celui qui aime ; tout est mal, tout est enfer pour celui qui est étranger à l'amour. Nous pouvons ajouter pour l'amant de la science que tout ce qu'il y a de plus vil et de

plus dégradé, partout, même dans ce monde, au moral comme au physique, est, en passant sous les lois de l'amour, tout ce qu'il y a de plus beau, de plus sublime et de plus parfait. Pour celui qui aime, ce monde est Eden dont il jouit du crépuscule à présent et du complément à sa mort; il ne lui faut que d'autres facultés; car tout est tout!

135. La lettre dont on fait tant de cas dans ce monde, jusqu'à croire que notre imprimerie doit, et prévenir l'extinction de la vérité et de la science, et les transmettre aux siècles les plus reculés : la lettre ne peut rien nous apprendre que de très-superficiel; elle ne peut rien nous dire sur les mystères de la création, de la rédemption et de la conservation des êtres ; elle ne peut rien nous apprendre sur l'éternelle et immuable conservation, en cet état de pureté primitive dans lequel tout a été créé. En admettant l'immutabilité de ce premier état, nous ne pouvons plus concevoir la rédemption, qui ramène tout du plus bas état de dégradation au plus haut degré de gloire. La création est encore plus inexplicable; car en la comparant à son auteur, celui-ci ne serait, d'après nos facultés, ni bon, ni tout puissant, ni infini. Ce sont ces trois connaissances qui ont donné lieu au mystère de la trinité consacrée dans presque tous les cultes; mystère sur lequel la lettre ne peut rien nous faire connaître. Le Christ, notre frère, ne nous a point légué la lettre; il n'a point écrit ni commandé d'écrire ; il nous a légué son esprit, il nous a indiqué par ses paraboles la mystérieuse création là où tout est écrit, là où, éclairé et guidé par son esprit d'amour, nous pouvons tout lire !.....

136. Tout dans la création nous prouve que la vie étant dans la mort, chaque être, chaque chose, en mourant, produit nécessairement la vie. Là, tout est dans la ligne ascendante, marchant continuellement au progrès. Le fils de la lumière, et avec lui la masse des êtres animés et inanimés, cesse continuellement d'être, et tout reçoit la vie; il est l'*alpha* et l'*oméga* par lequel tout a l'être, et sans lequel rien n'existe. Quel que soit l'état de perfection ou l'état dégradé des êtres et des choses, la marche de la création suit toujours son cours. Vouloir décrire cette marche dans un autre ordre de choses que ce monde, sous les lois de l'amour,

par exemple, c'est de toute impossibilité, il faudrait avoir des facultés analogues à cet ordre; lorsque l'amour développe en nous les facultés en harmonie avec son domaine, tout n'en demeure pas moins ici-bas sous le voile ou caché par la nue; rien ne change dans l'ordre physique, mais celui qui aime peut lire, dans l'état de choses extérieures le plus corrompu, la marche de la pure et de l'éternelle création.

137. L'autel et le trône, tels qu'ils ont existé jusqu'à présent, ont toujours été les plus grands ennemis de la lumière. Partout où leurs satellites leur ont indiqué qu'elle pouvait naître, ils ont toujours répandu la mort. Stupides et ignorans à l'égard de la marche de la création, sur laquelle l'amour seul peut éclairer, ils n'ont point encore compris qu'en détruisant les porteurs de lumière ils jetaient en terre des germes dont le développement multipliaient les fruits mêmes qu'ils voulaient détruire. Les prêtres égyptiens, devins ou astrologues consommés, connaissant qu'une lumière fameuse devait naître en Israël, font décimer ce peuple malheureux; en cela ils attirent sur lui d'autant plus de bénédictions qu'ils l'accablent davantage par leurs forfaits ; ils livrent eux-mêmes tous leurs mystères à Moïse, ils lui assujettissent le trône, et quoique esclave celui-ci peut lui commander en maître. Or, rien ne peut éclairer le trône et l'autel, ils agiraient encore comme Pharaon, Hérode, Pilate et Caïphe, si les peuples plus puissans qu'eux n'éteignaient leurs bûchers, et n'arrêtaient leur fer assassin.

138. Pour mieux détruire encore la lumière et l'amour, nos prêtres ténébreux et nos philosophes égarés nous prêchent un fantôme de vertu dont ils nous imposent les lois. Toujours en opposition au bonheur des hommes ou au règne de Dieu sur la terre, ils demandent la destruction du luxe, des grandeurs et de tout ce qui peut embellir notre triste demeure. Ils attribuent la cause des maux et des catastrophes qui ravagent les nations au perfectionnement des sciences et des arts, aux embellissemens qui semblent faire présager l'arrivée du royaume de Dieu, tandis que leurs propres cultes et leurs dieux monstrueux sont la cause et de la barbarie et des ténèbres dans lesquelles ils entraînent toutes les nations assez malheureuses pour les écouter exclusivement. Le fanatique, tou-

jours enthousiaste de cette prétendue vertu prêchée dans tous les cultes, se livre à des privations et à des austérités dont le récit nous fait frémir. C'est chez les nations les plus barbares où se remarquent davantage ces scènes d'horreur et de dégoût. C'est dans les couvens, ces foyers de ténèbres, que l'on a apporté de l'Égypte et du Thibet, pour les transplanter dans nos régions, où ils ont été placés comme des germes de barbarie, de confusion et de crime. C'est dans ces couvens que le misérable fanatique travaille davantage à éloigner le royaume de Dieu, qu'il demande du bout des lèvres, tout en détruisant les sciences et les arts; et ce fanatique qui ne pense qu'à lui, qui sacrifie tout par excès d'amour pour lui-même, est placé par nos prêtres au rang des saints, parce que son égoïsme ayant atteint son maximum, il mutile son corps, il lui fait éprouver quelques années de souffrance, pour obtenir une éternité de bonheur. Si nous sommes assez aveugles pour admettre que la vertu consiste dans la destruction du somptueux et en des prières oiseuses, adressées à un Dieu, qui, un éternel néant pour l'incrédule, lorsqu'il n'aime que lui, est, comme centre magnétique, une source de toutes sortes de maux pour le fanatique; nous cultivons le germe de la barbarie, et nous marchons à grands pas vers notre perte. Les hommes alors, pour obéir à cette *vertu* abominable, fuiront dans les bois ou dans ces mêmes couvens. Ils ne verront qu'avec horreur celle que l'Éternel leur a donnée pour compagne; par un blasphème odieux ils accuseront l'auteur de tout bien de leur avoir donné un tentateur, au lieu d'un aide et d'un soutien. Alors les maisons, les vêtemens, une fleur, un fruit, tout sera un objet de luxe. Il faudra habiter les antres des rochers, se couvrir de la peau brute des animaux sauvages. Du moins celui-là sera le plus vertueux qui, avec Diogène le bonze, le moine, le quaker, le méthodiste et l'ermite, se rapprochera davantage de cet état barbare. Alors celui qui fera le moins pour ses frères, mais qui s'aimera davantage lui-même, sera le plus vertueux. Quoi! nous ne voyons pas qu'une telle vertu, fille des ténèbres, est tout infernale, et qu'elle habite également le cœur du fanatique ou du prêtre et celui du partisan de l'anarchie! Ces deux classes d'êtres, les fléaux de la société, marchent au même but : l'un sous le masque de la vertu, et armé des ténèbres ; l'autre sans masque, et armé du crime, sont les deux grands fléaux qui ravagent la société.

139. Les enfans de la nouvelle génération, partout en opposition aux satellites des ténèbres et de l'anarchie, travaillent constamment, mus par l'esprit d'amour, à embellir et à enrichir leur habitation. Dans toutes leurs œuvres, ce n'est jamais *eux-mêmes* qu'ils ont en vue. Ce motif pour eux est trop avilissant ; tout leur bonheur c'est de placer leurs frères dans une atmosphère de gloire et de félicité. Toujours s'oubliant eux-mêmes, ils ne trouvent rien d'assez beau ni d'assez parfait pour leurs semblables. Ils font pour ceux-ci, dans le temps, ce que l'esprit d'amour qui les anime leur fera faire, ou plutôt leur fait déjà faire dans l'éternité ; car tout est l'un dans l'autre, tout est actuel. S'ils pouvaient ajouter aux sciences aux arts, s'ils pouvaient multiplier les fleurs et les fruits, s'ils pouvaient enfin rappeler Éden sur la terre, et rendre tous les hommes heureux, ils auraient accompli le plus ardent de leurs désirs.

140. Tant que la lumière céleste ne nous aura pas fait connaître que l'esprit qui nous inspire donne ou ôte tout le mérite à nos œuvres, nous demeurerons aveugles sur la nature de nos cultes, et nous serons séduits par les fruits dorés, mais vénéneux, de l'arbre de la vertu, que nos prêtres et nos moralistes cultivent. Les nations qui, jusqu'à présent endormies à l'ombre pernicieuse de cet arbre, dont les pampres fleuris s'étendent partout, n'ayant vécu que par le rêve des erreurs et des illusions, sans s'éveiller jamais à la vérité, descendent dans la tombe, mais l'heure du réveil des peuples a sonné ; et nos prêtres n'auront plus le pouvoir de nous tromper, en nous présentant un ordre de choses qu'aucune loi ne peut attaquer comme criminel ; un ordre de choses qui présente sur tout point l'apparence de la vertu, tandis que dans le fond tout est mensonge. C'est aux fruits que nous jugerons leurs œuvres ; et par ces fruits la postérité, à notre défaut, décidera s'ils ont reçu leur esprit du ciel ou des enfers.

141. A la lueur du nouveau jour, déjà nous comprendrons que la prétendue bonne œuvre d'un hypocrite n'est point une bonne œuvre ; le méchant peut-il réellement faire le bien ? L'avare qui

donne appauvrit toujours celui qui reçoit, il ne donne qu'à demi; son œil avide suit le peu qui lui échappe, jusqu'au fond des entrailles du malheureux qui se nourrit de ses dons; il interroge le ciel pour savoir s'il recevra le centuple de ce qu'il a donné. L'orgueilleux humilie, il écrase sous la honte et l'opprobre celui qui est assez à plaindre pour recevoir ses bienfaits. A peine une obole est-elle sortie de sa poche, qu'un cri des enfers semble répéter partout : *C'est un misérable qui vit de mes aumônes!* De telles bonnes œuvres sont des semences dont la main des hommes est bien prodigue : peuvent-elles produire de bons fruits?... L'éternelle justice, jugeant les hommes sur l'esprit qui les anime, déclare qu'il n'y en a pas un seul qui fasse le bien, parce que l'esprit d'égoïsme ou du rapport de tout à soi les inspire tous ; et les cultes, loin d'avoir détruit cet esprit, l'ont nourri comme un fils qu'ils ont enfanté dès la plus haute antiquité. Ils ont employé, au contraire, tous les moyens possibles, en tout temps et en tout lieu, pour consolider son empire.

142. Aux yeux de la société, l'homme peut faire le bien ou le mal; nos lois ne peuvent le juger que d'après ses œuvres. Dans l'ordre extérieur, c'est la forme qui est tout; mais il en est tout autrement dans un ordre supérieur, où le ciel nous juge sur le fond. Or le méchant peut avoir la forme du bon, mais jamais il ne peut en avoir le fond. Dans nos cultes vomis par les enfers, et dans toutes nos institutions qui se rattachent à eux, le méchant, sans cesser d'être le propagateur des ténèbres et du crime, peut faire le bien et prêcher la vertu, parce que, quoi que ce soit qu'il fasse, tout doit, par la puissance de son esprit, produire le mal. Dans toute œuvre il existe un germe qui, procédant de son auteur, renferme son esprit, et dans cet esprit est l'auteur lui-même avec toutes ses circonstances. L'œuvre d'abord produit son effet extérieur; celui qui a reçu le pain le mange : il est soulagé ; mais le germe a suivi le bienfait, il produit son fruit, et bientôt le malheureux, écrasé sous le poids de l'opprobre, s'aperçoit qu'il a reçu l'aumône. Or celui qui est assez infortuné pour se nourrir de semblable pain, comme dans les charités, les hôpitaux, les prisons, et même à la porte des églises, sent croître dans ses entrailles des fruits d'autant

plus humilians et d'autant plus amers, que les fondateurs de ces institutions et les faiseurs d'aumônes, tenant tous à l'horrible système des cultes, étaient animés par un esprit plus foncièrement orgueilleux, égoïste et avare.

143. Aux fruits se reconnaît l'arbre : c'est la sentence de l'envoyé du ciel. Nous voyons les fruits les plus affreux pour résultat de toutes les institutions de nos ancêtres, et nous ne voulons pas reconnaître la nature infernale de l'arbre qui les a produits. En général, nous considérons les œuvres de l'homme comme étant ses fruits. Nos prêtres nous entretiennent dans cette erreur; ils sont tellement intéressés à la maintenir, qu'à l'instant où la lumière la dissipe tout leur échafaudage de vertu s'écroule. Dans l'ordre social, où la loi n'a d'action que sur les faits actuels, et non sur leur résultat, une bonne œuvre peut être vulgairement nommée un bon fruit; elle peut même être un acte de justice, selon nos idées reçues. Mais que nous répondra-t-on lorsque nous dirons qu'un fruit renfermant un mauvais germe ne peut pas être un bon fruit?... Sous le règne de la lumière, les nations, en s'élevant dans le progrès, planent au-dessus des ténèbres, et l'homme sage doit outrepasser la partie superficielle pour arriver au fond ou à la réalité de chaque chose. Alors il reconnaîtra que si le méchant pouvait faire le bien, et que les œuvres fussent nos fruits, l'hypocrite serait un bel arbre, l'orgueilleux un plus bel arbre encore, et l'égoïste, celui qui ne fait rien que par rapport à soi, serait un arbre qui les surpasserait tous en beauté.

144. L'époque remarquable à laquelle nous sommes arrivés est l'une de ces périodes fameuses où les peuples, après avoir dormi pendant de longs siècles, s'éveillent des ténèbres à la lumière. Éclairés par de nouveaux feux, ils réclament tous une réforme générale. Un système affreux de tyrannie, une série de cultes absurdes, idolâtres et impies, ont été imposés à notre enfance par une puissance arbitraire, qui, en même temps qu'elle nous enchaîne, nous défend de juger les fers qui nous flétrissent, et les peuples opprimés réclament leur liberté. L'homme n'est point né pour la crainte; tout en lui indique la lâcheté comme étant avilissante. Il n'est point né mercenaire; ne rien faire que pour la ré-

compense répugne à tout sentiment généreux. Ce sont nos institutions vicieuses, et surtout nos cultes qui, en détruisant les nobles dispositions que notre enfance reçoit de la civilisation, les remplacent par ces deux vices aussi honteux que dégradans, ces deux vices qui souillent malheureusement l'humanité tout entière. L'homme est né pour aimer : ce sentiment lui sourit dès l'âge le plus tendre. Tout lui indique qu'aimer est la source du bonheur et la porte des cieux !... Mais aimer Dieu ! quelle source d'illusions, d'erreurs et de maux. Aime-t-on ce que l'on ne peut ni définir ni connaître ? Si nous aimons l'inconnu pour ses bienfaits, c'est nous-mêmes que nous aimons, ce nous-même la source de tous les crimes. Si nous prétendons l'aimer pour les fléaux qui nous accablent, nous ne sommes que des hypocrites ! Si, pour mieux l'aimer, nous voulons le nommer et le connaître, nous sommes idolâtres.

145. L'homme certainement ne naît point avec le besoin d'adorer, ainsi que quelques sectaires l'ont annoncé pour fournir une origine céleste à leurs cultes. Les deux premiers sentimens qu'il éprouve en naissant c'est la douleur et le plaisir, desquels s'élèvent la crainte de ce qui peut le faire souffrir et le désir de posséder l'objet qui peut le faire jouir. Avec le sauvage il tremble à la vue de Typhon ou des climats déchaînés, il est en extase devant le soleil qui vient tout ranimer de ses feux. Si ces deux sentimens, nés du rapport de tout à soi, donnent naissance à un culte, il est indubitable que ce culte, loin d'être divin, sera tout infernal, puisque le rapport de tout à nous est la source de tous les maux qui ravagent la terre. L'homme arrive dans ce monde faible et accablé de besoin : c'est ce qui fait dominer en lui la crainte et l'égoïsme ; ces deux vices servent de base ou de pivot au vaste système de ses affections ; ils fournissent tous les matériaux aux fondateurs des cultes, et voilà l'origine prétendue céleste de ces institutions dégradantes. Tous les adorateurs sont guidés par la crainte d'un avenir malheureux et par le désir d'une éternité de bonheur et de gloire. C'est sur ces deux ailes hideuses qu'ils volent d'un autel à un autre autel, d'une idole à une autre idole. L'homme naît dans les ténèbres ; ses premiers sentimens sont la source de ses vices, et ce sont ces ténèbres, ce sont ses vices qui enfantent les cultes.

Ceux-ci, comme nous le voyons, naissent après lui : leur origine n'est pas brillante. La lumière morale se lève pour lui après la lumière physique ; c'est un soleil qui se déploie au fur et à mesure qu'il grandit, l'éclairant sur son état dégradé et dissipant les ténèbres. Alors tout lui indique que le rapport à soi, n'enfantant que des maux est un vice ; tout lui indique que la crainte, en produisant l'hypocrisie, le mensonge et la lâcheté, est un autre vice. Il cherche alors où est la vertu, et tout dans l'univers lui enseigne que, de même que l'amour de soi ou le rapport de tout à soi est la source du vice, l'oubli de soi-même et l'amour d'un autre que soi sont la source de la vertu. Ici commence le règne de la civilisation ou le combat que la lumière livre aux ténèbres et aux mauvaises dispositions de notre naissance ; mais nos ténèbres et nos vices ont-déjà enfanté les cultes, et ce sont eux qui luttent contre la civilisation ; ce sont eux qui se chargent de détruire la lumière.

146. La race humaine, qui a été précédée par une foule d'autres races, est naissante ; elle est en tout dans la même hypothèse que l'enfant qui vient de naître. Nous arrivons à son adolescence, nous arrivons à cette époque fameuse où la lumière morale se lève sur son horizon. Il faut alors que les cultes succombent, et que, triomphant des ténèbres, elle entre dans l'âge viril, rappelant le beau, le grand, la vertu, l'amour enfin sur la terre ; ou que, pliant sous le joug des cultes et cédant la victoire aux ténèbres, elle entre dans la décrépitude, c'est-à-dire qu'elle soit vieille en sortant de l'enfance. La nouvelle génération surgit au milieu de tous les peuples ; partout elle semble assurer le triomphe de la lumière ; mais les cultes lui disputent la victoire, et leurs ténèbres puissantes ne sont point encore vaincues ; leurs succès seraient même assurés, si le ciel, en se déclarant contre leurs méprisables satellites, n'avait convaincu d'impuissance tous les dieux adorés sur la terre, et d'imposture tous les prêtres ; s'il n'avait foudroyé tous leurs cultes ténébreux, ces cultes maudits par tous les porteurs de lumières.

147. Tout ce qui appartient à l'ancien système porte avec soi la cause de sa défaite ; cette cause c'est le principe de fausseté sur le-

quel toutes ses institutions sont basées; ses cultes s'appuient sur la morale évangélique dont les prêtres prêchent la lettre, tandis qu'ils en détruisent l'esprit. Les enfans de la nouvelle génération, au contraire, méconnaissent en général la lettre de cette morale, mais ils en suivent l'esprit. Ils comprennent que c'est en aimant leurs frères et en s'oubliant pour eux que l'homme seulement adore; ils comprennent que prier l'éternelle cause inconnue de tout ce qui existe et de tout ce qui se passe dans l'univers; lui demander quelque exception en notre faveur, en changeant son cours dans la marche de l'universelle création, non-seulement est absurde, mais c'est une impiété; c'est lui dire qu'elle est aveugle ou qu'elle nous fait une injustice. Affecter des sentimens d'amour que nul ne peut avoir pour l'inconnu, le remercier parce qu'il a créé l'univers, l'aimer parce qu'il nous a donné la vie, cette vie qui souvent pour nous est un fardeau, non-seulement c'est ridicule, mais encore c'est le comble de l'égoïsme.

148. Dans l'état civilisé comme sous la loi des cultes, chacun malheureusement n'aime que soi et ne pense qu'à soi; mais les cultes sont plus particulièrement sous le poids de la malédiction divine, la sentence qui les frappe n'a point porté un coup aussi sévère à la civilisation. La lumière, en descendant des cieux, a rappelé l'homme civilisé à la conversion, mais elle ne l'a point nommé sépulcre blanchi et race de vipère. Si la lettre ou l'histoire ne venaient point encore nous instruire nous n'en reconnaîtrions pas moins la vérité en mettant en parallèle le prêtre avec l'homme civilisé. Le premier ne s'oublie jamais : s'il donne, c'est l'*aumône;* s'il fait du bien, il s'en est déjà assuré le centuple dans le ciel. L'homme civilisé s'oublie dans sa sphère superficielle; en donnant il craint d'humilier; s'il fait du bien, il ne s'adresse point au ciel pour être payé avec usure. Il oublie presqu'à l'instant même qu'il a obligé, il n'a qu'un pas à faire pour aimer. Que ses sacrifices, que l'oubli de lui-même, au lieu de n'avoir que des velléités pour objet, au lieu de n'être relatifs qu'à l'accessoire et au superflu, soient une vérité; et il aura ouvert la porte des cieux, il aura fait ce qu'il est impossible à tout adorateur d'accomplir, tant qu'il reste *adorateur*.

QUATRIÈME PARTIE.

La Vérité.

148. A l'aspect de la *vérité*, tout ce qui appartient au domaine du mensonge recule saisi d'épouvante, et notre univers tout entier appartient au domaine du mensonge. Une tempête affreuse s'élève sur tous les horizons. Là c'est l'abîme qui déchaîne ses furies, ici c'est le prêtre dépositaire des dogmes, des légendes ; c'est ce prédicateur du mensonge qui voudrait nous frapper encore de ses foudres impuissantes ; là enfin ce sont les nations, tout, criant au blasphème, à l'impiété. Mais la dernière heure des siècles de barbarie a sonné, et la vérité peut briller dans le monde. En vain les hommes et les élémens se déchaînent ; l'orage peut rouler les vagues de la mer en furie, entasser les sables sur les sables du désert, sacrifier dans nos campagnes des milliers de victimes ; l'homme plus furieux peut semer partout la terreur et la mort ; rien ne peut arrêter la chute du trône des tyrans. Rien ne peut relever l'autel écrasé sous le poids des idoles et du crime. Un nouveau jour se lève, il doit suivre son cours. A son aurore, la vérité, loin de répandre l'effroi, paraîtra comme un ciel consolateur, entourée de majesté et de gloire.

149. En admettant, avec les peuples aveugles, que les livres de Moïse et ceux des apôtres ont une origine céleste, nous entrons avec eux dans le vaste champ des erreurs, des illusions et de la mort. Moïse nous a révélé les mystères des prêtres égyptiens et chaldéens. Comme génie transcendant il a pu surprendre lui-même quelques-uns des secrets de la création ; mais tout ce qu'il a dit appartient à la science, et comme tel seulement est digne de notre admiration. Jésus, par le Christ, a pénétré, porté sur les ailes de l'amour, où nul avant lui n'avait pu parvenir ; parcourant les régions de l'INCONNU, il est remonté jusqu'à la cause première, où il n'a pu arriver sans être cette cause elle-même. Alors personne n'a pu ni le suivre ni le comprendre. Ses disciples, hommes faibles comme nous, ignorans, puisqu'il leur fallait des miracles ;

lâches, puisqu'ils ont abandonné, renié ou vendu leur ami, ses disciples nous ont transmis l'histoire de sa vie et sa morale aussi loin qu'ils ont pu la comprendre. Ils nous l'ont transmise au moyen d'une lettre qui ne peut donner que la mort. Quant à l'esprit qui communique la vie, l'amour seul peut le faire naître en nous.

150. Les apôtres, en nous transmettant une morale qui, comme base de notre civilisation et de nos lois, est du plus haut prix pour la société, n'ont pu nous communiquer la vie du mystère de l'adoration, ce mystère que le Christ développait à la Samaritaine, parce que ni les docteurs juifs ni ses disciples n'avaient pu le comprendre. « J'ai encore beaucoup de choses à vous dire, et vous ne pouvez m'entendre. Je vous enverrai mon esprit. » Mais cet esprit qui a parlé dans l'île de Pathmos n'a pu exprimer la vérité que sous un voile impénétrable à tous, hors ceux qu'anime l'*amour*. Cependant la lettre nous apprend que tous les hommes, sans en excepter un seul, adorent l'ennemi du vrai Dieu. Et quel est donc ce dieu, ou plutôt ce monstre que le dévot et l'impie, le fanatique et l'athée, tous les hommes enfin adorent également? Nations, entendez-le et ne soyez point tremblantes : ce monstre, c'est le Dieu auquel, sous des noms divers, vos prêtres, quels qu'ils soient, vous commandent d'offrir votre amour et votre encens ; c'est l'objet auquel vos passions vous commandent de tout sacrifier dans le temps et dans l'éternité; et ce Dieu, pour le dévot comme pour l'impie, pour tous, c'est le *nous-même !*... plus le prestige pour le fanatique et l'ignorant.

151. Croire à un Dieu et à des mystères qui nous auraient été révélés par des hommes, c'est le comble de l'idolâtrie. Toutes ces révélations appartiennent à des siècles de ténèbres qui n'existent plus. Un nouveau soleil déploie son disque; à sa lumière éclatante, les hommes apprennent à connaître que l'Éternel ne se révèle point par une créature particulière, mais bien par toutes ses œuvres. Aussi l'envoyé des cieux, par ses paraboles, indique à tous la nature, il a toujours repoussé la lettre. La révélation individuelle et les miracles ne peuvent servir de base qu'au mensonge, à une idole ridicule, à un fantôme enfant de l'imagination qui est tout, excepté Dieu. Le miracle, s'il était autre qu'une

déception, loin d'être un témoignage de la vérité, serait une preuve de l'impuissance du Créateur, qui, n'ayant pas tout prévu, dévierait dans sa marche pour faire connaître que c'est lui qui agit, tandis qu'il prouve son pouvoir par son impassibilité, par la sagesse et par l'harmonie de ses œuvres. Le Christ, auquel des imposteurs attribuent tant de miracles, a déclaré qu'il n'en ferait jamais; il a déclaré que les miracles étaient dans les attributs du méchant. « Cette race méchante et adultère demande des prodiges, et il ne lui en sera point donné d'autre que celui du prophète Jonas. » Or, avant la venue du Dieu d'amour, les cultes étaient sous la loi du prestige et des miracles, c'est-à-dire du mensonge ; et le Christ est venu combattre la loi, les cultes et tout leur cérémonial. Les prêtres imposteurs de l'Égypte, savans dans le magnétisme animal et dans la théurgie ou les évocations, étaient les grands faiseurs de miracles. Or le magnétisme, la théurgie et les cultes, tous appartiennent au même principe infernal. Ils n'ont jamais rien produit de bon dans le monde, ils ont toujours donné le contraire de ce qu'ils ont promis. Le magnétisme animal a en géneral pour but, dans ses opérations, de rendre à la santé; sous l'apparence de guérisons illusoires, surprenant l'imagination et trompant les sens, il a toujours perpétué le mal, s'il n'a pas engendré de plus grandes maladies. La théurgie promet des révélations d'en haut, elle n'a jamais produit que le mensonge, non aujourd'hui où elle est éteinte, mais dans les siècles où la puissance de la volonté lui donnait quelque énergie. Les cultes promettent à tous la paix et le ciel; ils n'enfantent que la guerre, le crime et l'enfer.

152. En contemplant la création, nous n'arrivons certainement point au Créateur par le sens hiéroglyphique qu'elle renferme, quoique les anciens sages, les maîtres de Moïse, par exemple, aient cru pouvoir y parvenir. Mais nous avons un témoignage incontestable dans la création, qui nous fournit pour base de l'existence du Créateur un roc vif, au lieu du sable mouvant et du fantôme des illusions que seuls nous présentent les miracles et toute espèce de révélation écrite ou auriculaire. Notre univers se compose d'êtres, de choses et d'effets dont la source nous demeure cachée. Le matérialiste veut tout faire provenir de la matière; et d'où la matière

proviendrait-elle elle-même? Une foule de questions insolubles se présentent ainsi, le fond seul demeure clair : il n'existe point d'effet sans cause, de produit sans producteur. La cause première est inconnue; c'est donc la cause inconnue qui est Dieu ou l'éternel créateur.

153. Ici commencent les cultes ou nos illusions, le mensonge et tous nos maux. Avec la connaissance, nous ne recevons pas la vérité et la vie qui, ne peuvent être communiquées que par l'amour. Les hommes privés de l'amour veulent néanmoins s'emparer de l'arbre mystérieux de la vie; l'enfer, pour seconder leurs desseins, leur envoie un fantôme monstrueux qu'il nomme *amour*, et tous s'écrient : « Aimons, adorons l'inconnu qui nous a créés! » Insensés! aime-t-on la cause impassible dont les effets sont une conséquence de sa propre existence? Aime-t-on une cause parce qu'elle produit des effets? Jusque-là il n'y aurait qu'inconséquence et absurdité; mais analysons : qu'aimons-nous dans cette cause qui ne peut ni exciter ni recevoir notre amour, en supposant même que nous puissions aimer? Adorer et aimer le Créateur parce qu'il nous a créés, parce que tout-puissant il peut nous délivrer du mal, nous béatifier et nous glorifier éternellement, n'est-ce pas nous adorer et nous aimer nous-mêmes? n'est-ce pas adorer ce Dieu auquel tous les hommes, sans en excepter un seul, sacrifient; ce Dieu qui ne peut être qu'une bête, puisque notre adoration ne se rapportant qu'à ce qui est connu en nous, il est clair que nous ne sortons point hors du domaine de l'animalité qui se compose de tout le connu. Cette bête s'élève de l'abîme, puisque nul ne connaît son origine, ou plutôt nul ne veut la connaître, parce que sa racine c'est le hideux égoïsme ou le rapport de tout à nous. Or nous ne parlons point ici du culte du dragon qui produisit les géans, nous parlons de celui qui lui succéda, et dont mille ramifications ont eu le pouvoir d'infecter la terre jusque aujourd'hui, quoique l'envoyé des cieux ait frappé la souche d'une blessure mortelle.

154. Interrogeons l'univers; demandons à tout quand et comment le Dieu inconnu nous a-t-il dit, que nous dussions l'aimer et l'adorer? S'il avait fait ce commandement, il couronnerait tous

les adorateurs, tandis qu'il les maudit en les livrant avec les architectes de Babel à une désespérante confusion. Leurs temples, au lieu d'être des repaires de voleurs, ne seraient-ils pas habités par la vérité? n'auraient-ils pas eux-mêmes la lumière pour élément, au lieu d'avoir les ténèbres et le crime? Les hommes répètent d'après leurs prêtres qu'il faut aimer Dieu ; ceux-ci prêchent cet amour appuyé sur Fo, Brachma, Moïse, Mahomet, le Christ, sur tout, excepté sur les faits et sur la vérité. Toute leur autorité est fondée sur une lettre morte, sur un marbre où eux-mêmes ont gravé le mensonge. Mais que dit l'Inconnu qui a imprimé la vérité dans toutes ses œuvres? L'Éternel n'est point muet; tout ce qui existe, tout ce qui se passe dans l'univers publie sa gloire et ses commandemens. L'inconnu dit : « Les hommes, depuis de nombreux siècles, prétendent m'adorer; ils font retentir partout leurs chants d'amour. Les échos, les voûtes des temples, le pic des monts, tout est fatigué de les entendre; seul je suis sourd à leur voix; leurs prières ne s'adressent point à moi... Peuples, interrogez cet instinct des masses qui fait dire secrètement à tous : *Aimez Dieu, adorez-le, c'est bien; mais comptez sur vous et rien que sur vous, car c'est vous qui êtes le Dieu auquel vous vous adressez, le seul qui puisse vous entendre.* Nul n'est moins sourd à cet avertissement secret que le prêtre. Le premier il ne compte que sur lui, lors même qu'il emploie l'auxiliaire du prestige et qu'il crie à tous : « Fiez-vous au Dieu tout-puissant. » L'Inconnu dit encore : « Le fanatique, qu'importe son culte, prie, jeûne et se macère. Brûlant d'une ardeur qu'il nomme sainte, il habite les temples, les couvens, les déserts; il compose sa couche de cendre, il la couvre de pointes acérées, il livre même son corps aux flammes; et pas un seul de tous ces zélés adorateurs n'a obtenu de moi un regard favorable. Il n'a rien reçu du ciel, il n'a rien apporté à la terre... Pour quel bienfait la société a-t-elle à le remercier?... Il n'a jamais rien fait que pour lui. Mais l'enfer, fatigué de ses clameurs, lui a prodigué ses dons; les fléaux ont ravagé son empire, et les nations ont disparu d'autant plus vite, englouties dans les ténèbres et la barbarie, qu'exclusivement sous la loi des cultes elles ont compté dans leur sein un plus grand nombre de ces faux adorateurs; c'est ce qu'attestent tous les peuples asservis par les prêtres.

155. Or l'inconnu parle toujours; tout dans l'univers est sa voix retentissante; il console aussi, et il dit : « Les hommes animés par l'amour de leurs frères s'oublient eux-mêmes pour ne travailler qu'au bonheur de leurs semblables. Ils ont compris que celui-là était étranger à l'amour céleste, qui n'aimait que ses amis; que là tout était rapporté à soi-même; ils ont compris que pour aimer véritablement il fallait se sacrifier par amour pour ses ennemis. Alors les cieux sont descendus sur la terre!... Or le ciel nous indique par ses dons qu'en aimant nos frères nous lui sommes agréables, tandis que par notre prétendu amour de Dieu, jamais! L'amour de nos frères est la source de toute vertu, il a fait naître les seules fleurs qui répandent quelques charmes dans la société. Il n'existe rien de beau et de grand qui n'ait eu pour racine l'amour de nos semblables; et qu'a produit ce prétendu amour de Dieu?.. » L'histoire dit : « Un homme brûlant d'amour pour tous s'est sacrifié pour sauver ses ennemis; et les cieux ont été ouverts à la race humaine tout entière. »

156. Aveugles sur la réalité des choses, nous ne comprenons pas que l'esprit qui domine en nous détermine la nature de notre être, ainsi que toutes nos circonstances dans ce monde, comme dans l'autre. Malgré la nuance infinie des esprits, il n'y a dans le temps que deux esprits puissances, celui d'amour et celui d'égoïsme. Quel que soit l'esprit qui nous anime, c'est par lui que nous nous rattachons à la cause première, impassible et inconnue. Si nous sommes mus par l'esprit d'amour, nous sommes, même dès ce monde, étrangers au mal; notre être éternel déjà habite dans les cieux. Si nous sommes mus par l'esprit d'égoïsme, tout pour nous est mal, et nous habitons déjà les enfers. Or la cause première, dont nous sommes une conséquence, un effet, tel que nous puissions être, est éternellement passive en produisant ses effets. Ici est la solution de la plus vaste des questions. C'est l'éternelle cause qui produit toutes nos œuvres, bonnes ou mauvaises. Il n'y a, et il ne peut y avoir qu'une seule volonté, qu'une seule puissance; il n'y a qu'un seul créateur : rien ne se fait que par lui et immédiatement par lui... Le meurtre, le bien, le mal, tout est son œuvre;

mais c'est notre esprit qui a déterminé le crime, et c'est nous qui sommes coupables! Or nous sommes même coupables pour les crimes que nous n'avons pas commis, si nous sommes animés de l'esprit qui peut les produire, et l'esprit qui nous fait tout rapporter à nous-mêmes est le fauteur de tous les maux. Ce sont ces connaissances qui ont fait dire à des sages très-éclairés que nous étions condamnés ou réprouvés avant que d'être nés, parce que notre esprit étant éternel, et par conséquent n'ayant point de commencement, est antérieur à notre existence dans ce monde. Mais ce que nos docteurs n'ont pas compris, c'est que, réprouvés par l'esprit d'égoïsme avec lequel nous naissons, nous sommes élus par l'esprit d'amour, ayant tous cet esprit en germe. Caïn et Abel, Ésaü et Jacob sont frères; et Jacob, en recouvrant son droit d'aînesse par le nouvel Abel, ne détruit pas plus Ésaü que Caïn n'a détruit Abel en le chassant de ce monde. Ce que les docteurs ont moins compris encore, c'est que le crime, tout ce que nous appelons *mal* ou *douleur*, est dans le domaine de l'amour, la source même de la gloire et de la magnificence céleste.

157. Le rapport de tout à nous étant le pivot sur lequel roulent nos jugemens, nous ne pouvons sortir d'un cercle où tout est mensonge; le mal, pour nous, c'est ce qui nous nuit; le bien, c'est ce qui nous flatte. Tandis que pour la cause première, détruire c'est créer; le mal, et tout ce qui d'après nos idées se rattache à lui, c'est la source de la magnificence des cieux. Le sens hiéroglyphique nous dit quelque chose de ce mystère : les grandes passions seules produisent le beau et le sublime; si celui qu'elles animent, aime, elles sont la racine de la gloire céleste; s'il hait, elles le sont également. Mais celui chez lequel elles sont mises en jeu se ferme la porte de ces régions et il s'ouvre celle des enfers. Nos prêtres, ou plutôt nos bourreaux, pour nous ravir le ciel et appeler tous les maux sur nos têtes, ont fondé leurs cultes sur le rapport de tout à nous. Tous ceux qu'anime un esprit despotique et mercenaire soutiennent ces cultes de tout leur pouvoir; ils paient et honorent l'architecte de ces édifices monstrueux; et le prêtre, en retour de ces bienfaits, crée un ciel en harmonie avec les sentimens dégradés de tous les grands et de tous les faux adorateurs, un ciel où ceux-ci puissent

être heureux, tandis qu'une partie de leurs frères seraient dévorés par des flammes éternelles.

158. Le lien de fraternité est tellement indestructible, il a une si grande puissance, que par cela seul que le Christ et son esprit d'amour sont nés en Jésus, notre frère, ils sont en germe dans tout ce qui a appartenu, appartient ou appartiendra à la race humaine; et chacun, par ce germe, peut remonter à la cause première, et ne faire qu'un avec elle. N'est-il pas écrit : « Vous êtes des dieux? » Le sage ne demande-t-il pas que nous ne fassions qu'un avec son père et lui, lui qui est Dieu et notre frère en même temps? Mais il est impossible d'expliquer les mystères. Un mystère saisi par l'intelligence n'est plus qu'une erreur : il est une illusion du temps, hors duquel l'intelligence ne s'élève jamais. L'amour seul, en se développant en nous, peut nous initier aux choses d'en haut; seul il fait naître en nous cette lumière que le fanatique ou l'adorateur nomme la *foi*, cette lumière dont il n'a jamais connu un seul des rayons. Aussitôt que l'intelligence et la parole de l'homme saisissent une vérité, elle n'est plus qu'un mensonge. C'est ce que tous prouvent par leur conduite. Les hommes avouent qu'ils sont frères, et par leurs œuvres ils attestent le contraire. Un frère élève son frère, il met tout son bonheur à être son serviteur, et que font les hommes? Si la vérité de ce lien nous était révélée par l'amour, nous sentirions comment la perte est justement venue par un seul, et comment le salut nous vient également par un seul. C'est toujours l'esprit qui dicte la loi, dans le monde, partout. Sa puissance n'est point en raison du nombre d'hommes qui lui donnent asile; elle est égale, agissant par un seul comme par tous; c'est l'étendue de son triomphe dans un cœur qui fait celle de son pouvoir. La victoire de l'esprit d'amour fut complète dans le Christ; mais frappé de mort et repoussé par tous, le messager des cieux a déployé ses trophées dans le domaine d'en haut, ce domaine dont quelques fleurs descendent aujourd'hui sur la terre.

159. En attaquant le colosse redoutable des dieux et des cultes vénérés dans le monde, loin de nous servir des armes de l'impiété, nous accusons au contraire les cultes d'impiété, et le Dieu que tous les hommes adorent d'appartenir aux enfers. Ce monstre,

jusqu'aujourd'hui inexpugnable, a reçu une blessure mortelle des enfans de la nouvelle génération; et le trône et l'autel, épouvantés en prévoyant sa chute, se liguent pour lui maintenir le sceptre dont ils le voient prêt à être dépouillé. Le trône et l'autel en agissent ainsi, parce que c'est du prestige qu'il exerce encore sur les hommes ignorans que dépend leur existence. A l'instant où les peuples du Nord, armés par le ciel, renversent leurs tyrans, les ténèbres protégent le prestige qui enchaîne encore des populations tout entières au midi; là le trône et l'autel proclament leur victoire; mais la lumière combat sur tous les points, et bientôt les ténèbres repoussées laisseront le prestige à nu. Alors il ne sera pour tous qu'une vaine fumée.

160. Nous sommes dans une position morale et politique qui rend ce que nous publions du plus haut intérêt. Il y a un tel enchaînement entre toutes nos institutions que les unes ne subsistent pas sans les autres. Les trônes cependant voudraient bien se passer de l'autel, ils l'abhorrent : les despotes ne sont pas plus dévots que les républicains; mais comme ils ne connaissent ou ne veulent connaître de l'autel que le prestige, ils ne peuvent être d'accord avec eux-mêmes. Remarquons-le bien, le Dieu que nos prêtres nous commandent d'adorer, et que les hommes répètent d'après eux qu'il faut aimer, ce Dieu, sous les noms de Créateur, Christ, etc., c'est nous, plus un prestige; ce prestige n'est rien pour l'homme éclairé, mais il peut être immense dans les régions ignorantes et barbares, comme dans la plus grande partie de l'Espagne et de l'Italie, comme dans le midi de la France. C'est dans ces contrées où s'aiguise un poignard assassin, où s'attisent les torches incendiaires. Là, le fanatique, avide de meurtre, est toujours prêt à frapper. Il égorge d'abord qui ose renverser sa croix, et plus tard, il livrera sans pitié au fer, au feu et au poison tous ceux qui ne viendront point encenser son exécrable divinité. Dans les régions du midi, les masses, aveuglées par le prestige, doivent se lever pour soutenir le trône et l'autel. Mais qu'ils tremblent, ceux qui les dirigent : un rayon de lumière peut dissiper leur illusion, et alors la réaction dans le sens contraire serait un carnage épouvantable. La réaction ou le changement de direction des masses est

moins à craindre dans le nord, où elles doivent renverser les idoles. Cependant le prestige, sur certains points, est immense, comme à l'ouest de la France et dans la Belgique ; mais là il y a des centres de civilisation, il y a des hommes éclairés qui balancent la puissance des ténèbres, et le prestige demeure sans action. Si ces mêmes centres de civilisation n'existaient pas dans plusieurs villes d'Italie, d'Espagne et du midi de la France, tout, dans ces régions, serait déjà à feu et à sang, tout serait en proie à la plus affreuse dévastation.

161. Le prestige sert de base à tous les cultes, à toutes les sectes, c'est une idole dont la puissance est créée par l'ignorance et par la dégradation des peuples, et qui est en raison de leur état de barbarie. L'homme civilisé lui est d'autant plus étranger qu'il possède davantage de lumières ; mais il n'en est pas moins esclave de la grande idole, le *moi* ou la bête, à laquelle tous les hommes, quelle que soit leur opinion ou leur système, sacrifient également. Il n'y a que l'*amour* qui puisse nous affranchir de cette honteuse adoration. Or nous devons avoir compris que nous nommons *amour* céleste l'oubli et le sacrifice de nous et de tout ce qui a rapport à nous dans le temps et dans l'éternité, pour nos frères et surtout pour nos ennemis. En cet amour seul consiste l'adoration en esprit et en vérité, et cette adoration doit s'élever triomphante sur les débris des deux puissances qui ont frappé de mort l'envoyé des cieux. Nous devons avoir compris que nous nommons *amour* infernal ou *haine* tout sentiment dirigé vers une divinité, vers un homme ou tout autre objet qui aurait pour base le rapport à *nous*. Nous ne faisons ici que restituer à nos frères la vérité apportée du ciel par le Christ ; cette VÉRITÉ, repoussée par les trônes, les autels, les grands, les prêtres enfin, et auxquelles le cœur du pauvre et de la femme opprimée ont quelquefois offert un étroit asile.

162. Cependant le prêtre, que partout nous condamnons, élève la voix ; il déclare qu'en prêchant l'amour de Dieu il prêche également l'amour du prochain ; il déclare que ces deux amours sont inséparables. Appuyé sur les révélations écrites, il montre contre nous cent siècles peut-être qu'il évoque du passé ; il montre toutes les nations qui se lèvent pour nous confondre. Calme devant une

semblable attaque, nous laissons à nos ennemis le soin de se combattre et de se renverser eux-mêmes : l'amour de Dieu n'étant autre que l'amour de nous-même est un feu infernal qui dévore tout ce qui en naissant porte un caractère divin. Et qui, plus que la charité, est revêtu de ce caractère? La révélation du prêtre est écrite par lui ou par ses ancêtres. Quoi ! Dieu, s'il n'avait pas gravé toute vérité dans ses œuvres, nous abandonnerait dans ce monde, livrés à la confusion et au mensonge de tant d'écrits ridicules !... Tous ces siècles qu'il semble éveiller des tombeaux où ils ont été engloutis sont des siècles barbares et ténébreux ; en témoignant contre nous, ils nous assurent la victoire. Et toutes ces nations sont-elles plus heureuses ? A peine elles ont élevé la voix que déjà elles sont vaincues. Divisées par les cultes, elles se comptent par le nombre des sectaires qui les déchirent, et chacun de ces sectaires se charge de notre défense ; chacun répète : Tous les dieux adorés sur la terre, excepté le nôtre, sont les dieux des enfers. Que dit Rome? Et Rome voudrait, parce qu'elle nomme Christ ou Dieu d'amour la divinité qu'elle encense, nous prouver que son nom fait sa nature, tandis que Rome et toutes les branches de son culte, qu'elle bénit ou qu'elle maudit, répandent partout où elles dictent exclusivement leurs lois les ténèbres, l'anarchie et le crime.

BASE SACRÉE

DES LOIS DE LA NOUVELLE GÉNÉRATION.

I. La nouvelle génération compte dans son sein autant de citoyens qu'il y a d'individus majeurs de l'un et de l'autre sexe capables de supporter l'état. Le plus beau titre pour elle est celui de serviteur ; celui-là est le premier qui fait le plus pour la société et qui lui ôte le moins.

II. Le droit de citoyen c'est d'élire et d'être élu à toutes les charges; c'est de pouvoir seul être chef d'atelier, de commerce, de bureau, maître dans les arts, dans les métiers, et officier de terre ou de mer.

III. La forme du gouvernement est toujours décidée par la majorité des citoyens; le peuple seul crée le pouvoir, seul il détermine les limites de son étendue.

IV. Toutes lois qui émanent de la législature, toute disposition et ordonnance du chef ou des chefs de l'état doivent avoir pour base l'amour des hommes les uns pour les autres, et pour but leur bonheur.

V. Les moyens de lever les impôts qui tendent à démoraliser une partie des citoyens en établissant des douanes, des barrières et des gabelles; les impôts dont le mode de perception absorbe une grande partie de la recette, ou qui, frappant les objets de première nécessité, pèseraient davantage sur la classe ouvrière, sont abolis.

VI. L'union entre les deux sexes existe aussi long-temps que les parties sont heureuses. Les femmes, ayant la même éducation et les mêmes droits que les hommes, traitent avec eux d'égal à égal.

VII. Tout enfant naît l'égal d'un autre, quelles que soient les circonstances qui ont accompagné sa naissance. Lorsque le père ou la mère n'est point assez fortuné pour en prendre soin, il est à la charge du gouvernement, qui le place chez un citoyen pour être élevé comme agriculteur, industriel, domestique ou lettré. Il y a des primes dont le prix est fixé de manière à mettre en harmonie l'intérêt des citoyens avec les soins qu'ils s'engagent à prodiguer à leurs enfans adoptifs. Il y a en outre des prix décernés à ceux qui prouvent, dans un concours annuel soutenu par leurs élèves, qu'ils ont surpassé la multitude en fournissant à l'état des sujets d'un plus grand mérite.

VIII. L'état, pour suppléer à ses besoins, ajoute à l'impôt civique le timbre et les taxes sur les immeubles. Les villes, pour subvenir à leurs dépenses, disposent des impôts somptuaires et mobiliers. Tout est réglé par une loi générale.

IX. Le gouvernement protége tous les cultes; mais il ne paie aucun prêtre, il ne permet point le monopole et la possession des propriétés par un corps sacerdotal ou autre qui, recevant toujours, ne donne jamais. Toute propriété obtenue en faveur du prestige des cultes est considérée comme un vol.

x. Les citoyens formés en jury sont les juges naturels de tous les délits et de tous les cas civils; ils appliquent la loi, ils rendent la justice gratuitement.

xi. La peine de mort, la flétrissure et la prison pour dettes sont abolies. La loi, en punissant le coupable, lui fournit les moyens de retourner à la vertu; elle ne peut le frapper sans lui laisser la faculté d'alléger sa peine, et d'abréger sa détention par une conduite exemplaire et par un travail assidu. Les prisons, changées en écoles de la vertu, ont des professeurs de sciences, de morale, d'arts et de métiers. Au lieu d'être gouvernées par un geôlier, elles sont confiées à une administration composée des citoyens les plus vertueux.

xii. Le droit de propriété est inviolable; chacun dispose de sa fortune en faveur de qui bon lui semble; mais le trône et les emplois ne sont pas des propriétés : ils sont toujours électifs. Le soldat nomme ses officiers; l'état choisit dans ceux-ci les officiers supérieurs. Les citoyens nomment tous leurs administrateurs. Tout titre, toute aristocratie, sont essentiellement anéantis. Chacun peut librement publier ses pensées.

La France, en adoptant l'article 1er, compterait, lorsqu'elle aura repris ses limites naturelles, six millions de citoyens des deux sexes payant chacun depuis 50 jusqu'à 200 francs par an, selon la richesse et la population du sol. Total 750,000,000.

En adoptant les articles 5, 7, 9 et 10, elle acquerrait des élémens de prospérité incalculables. Au lieu d'employer 150,000,000 de francs à payer cent cinquante mille prêtres, juges, douaniers, etc.; au lieu de négliger 50,000,000 qu'elle devait recevoir annuellement des temples, couvens, séminaires, etc., qui tous lui appartiennent, elle pourrait destiner ces sommes à élever les enfans du pauvre. Alors cette classe infortunée, loin de fournir des malfaiteurs, présenterait à l'état des citoyens utiles, à la place de cette nuée de vautours qui le dévorent. Alors la société serait purgée d'un grand crime; car elle est coupable de tous les désordres commis par les malheureux auxquels elle a refusé l'éducation et les moyens d'existence. Par le nouveau mode d'administrer la justice, la France verrait le crime disparaître de son sein; elle verrait s'éteindre le foyer des procès. Ses enfans, au lieu d'être déchirés et démoralisés par la *chicane*, seraient tous des arbitres, des juges et des conciliateurs; ils conserveraient, si nous y comprenons le désastre des familles, 100,000,000 par an qui leur sont arrachés par cette même *chicane*, l'objet de l'exécration de tous les peuples.

L'article 8 fournit les moyens de diminuer l'impôt des citoyens, ou de suppléer à une foule d'autres dépenses et améliorations de l'état. Les autres articles présentent des avantages évidens par eux-mêmes.

La nouvelle génération, en laissant au peuple son droit, qui est de nommer tous ses chefs, porte un coup mortel au despotisme. Les tyrans ne peuvent jamais compter sur le cœur de leurs sujets; pour les fixer il leur faut des fers, et ils les enchaînent par le plus avilissant de tous les liens : ils les achètent!... C'est pourquoi les gouvernemens despotiques sont jaloux de payer, et des deniers de la masse, de somptueux dignitaires, des juges, de serviles employés, et les prêtres même qu'ils n'occupent pas. Un peuple libre ne se vend pas; il n'admet point d'impôt dégradant, il repousse tout ce qui entrave le progrès : les taxes sur les écrits, sur les journaux, de même que la nomination à toutes les places, sont les moyens qu'emploient les despotes pour arrêter la lumière et pour enchaîner les nations.

Ici un cri spécieux se fait entendre : « Les lois doivent être faites pour les peuples, et non les peuples pour les lois. Celles de la nouvelle génération ne seraient en harmonie avec les mœurs, les préjugés et les besoins d'aucun peuple. » Les principes n'ont souvent d'autre réalité que parce qu'ils sont admis; et celui-ci non-seulement est faux, mais il n'est point suivi par ceux-mêmes qui le soutiennent. De bonnes lois ont toujours régénéré les nations. Quels que soient les efforts du despotisme et du sacerdoce pour arrêter le cours des lumières, ils ne peuvent empêcher la marche des peuples vers le progrès. Nous ne sommes plus les hommes du quinzième siècle, encore moins ceux du cinquième; et pourquoi les lois de ces temps barbares nous sont-elles encore imposées? N'est-ce pas, en nous repoussant vers le passé, vouloir faire le peuple pour les lois? En supposant que nous péchions par un excès contraire, n'y aurait-il pas plus de sagesse à faire des lois pour l'avenir, et à entraîner les peuples vers cet avenir, en les faisant marcher en avant de leur siècle, pour les mettre en harmonie avec elles? La lumière, qui donne des ailes aux nations, les fait-elle reculer? Les ténèbres seules marchent en arrière. Les nations réclament l'abolition de la peine de mort, de la flétrissure. Déjà elles placent les délits, les uns après les autres, dans les attributs du jury; bientôt elles déclareront qu'ils doivent être entièrement jugés par eux et non par des esclaves assez lâches pour se vendre.

L'homme en place, le riche auquel rien ne manque, toujours stationnaire veut, pour rester comme il est, prouver que nous suivons le progrès; à l'entendre, nous le devancerions peut-être. Il indique la torture, les bûchers, l'inquisition comme étant abolis; mais ce qu'il n'indique pas, c'est le germe de toutes ces odieuses institutions conservé dans le cœur du prêtre hypocrite, où il n'attend que l'occasion pour développer tous ses horribles fruits. Nos lois, présentées avec des couleurs plus douces, sont toujours les mêmes, quant au fond. La meilleure raison pour les maintenir, c'est qu'étrangers à un ordre de choses plus parfait, nous sommes accoutumés par de longs siècles d'humiliation à leur joug honteux et dégradant. Mais quoi! parce que la femme a toujours été asservie à l'homme, faut-il qu'elle continue à être son esclave? Pour avoir toujours eu des procès, faut-il en avoir encore? Et ce pauvre et ces coupables dont nos législateurs corrompus ont jusqu'à présent perpétué l'existence malheureuse, faut-il sortir l'un de la misère, et rappeler les autres dans le sein de la société? Non, certes, s'écrient les satellites des trônes et des autels. Que feraient alors les riches et les puissans? Ils seraient réduits à se servir eux-mêmes; ils n'auraient plus, à l'égard de leur propriété, cette douce sécurité que leur assure la mort du criminel ou d'éternelles chaînes et la flétrissure, qui tue pour la société celui auquel ils ne peuvent ôter la vie!.....

C'est ainsi que s'expriment les grands de la terre, ceux dont la prison est jonchée de fleurs, ceux qui sont fiers de leurs fers parce qu'ils sont dorés. Mais que dit l'artisan opprimé qui éprouve toute la pesanteur de la misère et de l'esclavage? Que dit l'homme généreux *qui ne veut ni des débris ni des trophées d'une royauté despotique ?* Celui qui repousse l'or avec les fers, les fleurs avec le cachot, celui, enfin, qui entend partout les cris de ses frères en proie à la douleur ? L'artisan soupire, gémit, il s'irrite, il brise ses chaines, son bras exterminateur va partout répandre le carnage et la mort!..... L'homme généreux, comme après les trois jours, comme en décembre, se présente ; et l'artisan en lui voit un ami ; il entend sa voix ; il se calme ; et il retourne dans ses fers, persuadé que son ami les rompra sans traîner sur l'échafaud les tyrans même qui les lui imposent!.... Or, en cela, le pauvre opprimé est arrivé dans sa sphère au comble de la générosité ; une étincelle d'amour a brillé dans son cœur, et il fut grand!........ plus grand que n'ont jamais été les rois et les prêtres; car, si lors des trois jours, le trône et l'autel eussent triomphé, les échafauds flotteraient dans le sang, et dans le sang même de ces hommes généreux qui ont arraché à la mort leurs propres ennemis !

Voici le point où nous sommes arrivés! L'Europe jamais ne se présenta sous un aspect plus redoutable ; le bras exterminateur de tous les peuples se lève; un sentiment de générosité le retient encore ; les enfans de la nouvelle génération veulent arrêter les torrens de sang prêts à couler; mais ceux-même, qu'ils veulent épargner paralysent leurs efforts. Le despotisme se glisse sur les marches du trône, le sacerdoce lui-même y trouve quelque accès, et le peuple croit pouvoir dire : Le gouvernement *se trompe!*... Malheur, mille fois malheur! si jamais il peut dire : Il nous trahit!..... La voix des peuples, l'histoire déjà peut-être accuse la France du sang que sa promesse de *non-intervention* fait répandre! Et si la France nouvelle et innocente, fidèle à l'honneur, se lève contre la France coupable, ne se verra-t-elle pas forcée de se purger par un éclat de gloire de la tache même dont s'est souillée la vieille France, cette France expirante et qui déjà n'est plus ?

Le Dieu inconnu, identique aux êtres, aux choses, aux événemens, à tout, a imprimé le grand mouvement qui agite l'Europe, l'univers même tout entier; il a prononcé *fiat lux*, et un nouveau soleil se déploie sur notre horizon : devant lui les despotes, les prêtres et les cultes, tout disparaît. Leur agonie peut être longue; mais leur perte n'en est pas moins certaine. L'autel s'écroule, et sous ses ruines sont engloutis les trônes des tyrans; car l'un ne subsiste pas sans l'autre. Aussi remarquons-nous que les tyrans impies ou fanatiques, conquérans ou appuyés sur le *droit divin*, ont toujours réclamé l'appui du prêtre, ils ont toujours embrassé le culte qui leur a paru le plus propice. Henri IV lui-même, ce meilleur des rois, n'en a pas moins suivi cet exemple; et il est tombé sous l'épée qu'il avait réclamé pour le défendre. Or, c'est ainsi que périront tous les peuples et tous les rois lorsque, en repoussant les lumières ils demeureront asservis sous le joug honteux des cultes; ces cultes qui, loin d'être divins, sont tous dégradans et impies.

ERRATA.

Page 7, ligne 13. Lisez *leurs sectaires*, au lieu de *ils*.
24, 28. Lisez *par*, au lieu de *pour*.
46, 16. Lisez *a été anéanti*, au lieu de *a disparu*.
59, 30. Lisez *attaché à*, au lieu de *de*.
61, 3. Lisez *elle y est*, au lieu de *elle est*.
93, 29. Lisez *devrait*, au lieu de *devait*.

www.ingramcontent.com/pod-product-compliance
Lightning Source LLC
LaVergne TN
LVHW020405230826
846091LV00004B/1156
9782012831971